働きがいを自ら高める
「ジョブ・クラフティング」
という技法

50代からの幸せな働き方

東京都立大学教授
高尾義明
Yoshiaki Takao

Job
Crafting

ダイヤモンド社

はじめに

───仕事に向き合い、働きがいを自ら高めていくために

1. 50代で感じる行き詰まり感の正体

『50代からの幸せな働き方』というタイトルには、50代の節目を迎え、仕事に行き詰まりを感じている方に、ジョブ・クラフティングの視点から何らかのヒントを得て、現在の仕事や定年後の仕事に役立ててほしいという思いを込めています。

　プラトーには高原という意味があることから、経営学ではしばしばキャリア・プラトーという言葉が使われます。キャリア・プラトーとは、キャリアで今よりも上にいけないと限界を感じることです。出世や昇進という山を登ってきたものの、50代になるとごく一部の人を除けば先が見えてきます。企業によっては、役職定年制が導入されており、マネジャー職を解かれたり、子会社に出向したりして、給料が大幅に引き下げられてしまうことが少なくありません。

「働かないオジサン」という言葉が話題になりましたが、上司は年下で、大きな仕事はさせてもらえず、ただ時間を持て余しているだけで、仕事へのモチベーションも上がらない。転職しようにも良い受け入れ先が見つからない。このような現実に直面し、キャリアや役職、仕事内容などで限界を感じ、モヤモヤしたものを抱えながら働いている人

も少なくないでしょう。

　もちろん、仕事だけが人生ではありません。もっとも、仕事に前向きに取り組めないことは、個人のウェルビーイング（幸福感）にとってけっして良い状態ではないことが、これまでのさまざまな研究から明らかになっています。少子高齢社会で労働人口が減少している中、定年延長の流れもあり、50代以降のワークライフも決して短くはありません。どのようにすれば、行き詰まり感を打破し、50代のワークライフを幸せに過ごすことができるでしょうか。そのキーとなる概念がジョブ・クラフティングです。

2. ジョブ・クラフティングからのアプローチ

　ジョブ・クラフティングとは、自分の仕事を主体的に捉え直すことで、自分らしさや新たな視点を入れて、やらされ感のある仕事をやりがいのあるものへと変えていく考え方のことです。新入社員や若手社員はもちろん、ミドル・シニア層にこそ有効です。第1章でわかりやすく解説しますが、一言で伝えるときには、「仕事の中に自分をひと匙入れる」というたとえを用いています。この言葉は、編集者・ライターとして多くの著作を出されている一田憲子氏によるものです。『「私らしく」働くこと』（マイナビ）より引用します。

　仕事の中に「自分」をひと匙入れること……。その効き目はきっと

計り知れないのだと思う。そして、もし「本当はあの仕事がやりたかったけれど、今はこの仕事しかできなくて」という状況でも、その"ひと匙"はきっと有効だ。イマイチ乗り気になれない仕事も、「なんだか面白くなってきた」と味わいを変えるかもしれない。

　そのひと匙は、他の人にはまったく気づかれないかもしれませんし、事情に通じた人だけに伝わるものかもしれません。それでも、課せられた業務そのものはしっかりと遂行しつつも自分のひと匙を入れ、自分の持ち味を活かすことで、仕事と自分との関係性が変わっていきます。こうした自分起点での仕事への働きかけが、ジョブ・クラフティングです。

　ここで、自分の持ち味や自分が入れられるひと匙など考えたことがない、と不安に思った読者もいらっしゃるかもしれません。本書では、自分の持ち味やひと匙を見出す方法やワークを紹介しますので、参考にしていただきたいと思います。一人でも学べますし、研修にも応用できるような内容になっています。

　ジョブ・クラフティングには、年代を問わずに、働きがいを自ら高めていく効果があることがさまざまな研究で確認されています。役職定年を迎えたり、後進に譲り現場を離れたミドル・シニアにとっては、定年を迎えるまでモチベーションが下がったまま、定年まで"ぶらさがり社員"になってしまったとしたら、本人にとっても楽しくありませんし、組織にとっても負担感が大きいでしょう。

　1万人以上のビジネスパーソンにインタビューしてきた大塚寿氏は

『50歳からは「これ」しかやらない』（PHP研究所）という著書で、「『わがままになる』ことこそが、50代に求められることだ」と述べています。もちろん、単なるわがままではなく、「会社から命じられたことを疑いもなくこなそうとするのではなく、一歩引いた立場で、『本当にこれはやるべきか』を考えてみる。そうして、自分で取捨選択し、自分にとっても会社にとっても最善の道を探る」(p.25) ことを、自身も50代である大塚氏は勧めています。

　仕事において、自分にとって最善であるかということも判断軸に含めて、自分で取捨選択していこうという姿勢は、経験を積んだミドル・シニア層だからできるジョブ・クラフティングです。その仕事に求められている成果と遵守すべきプロセスをわかっているからこそ、自分らしいひと匙を入れることができるのです。これまで積み重ねてきたものをベースにしつつ、「よいわがまま」を少しずつ発揮し、自分起点で仕事を捉え直すジョブ・クラフティングを少しずつ行っていくことが、仕事との向き合い方を変えていくことにつながります。
「自分」をひと匙入れることを勧めている一田憲子氏は『人生後半、上手にくだる』（小学館）の中で、次のように述べています。

　歳を重ねると、働く場のシャッターがあちこちで閉まり始めます。私はフリーライターで定年は関係ないけれど、若い頃と比べて、仕事量は減っています。どうせシャッターが閉まるなら、人生の後半は、今までと考え方の順番を変えて、「好きなこと」を始点に冒険してみてもいいんじゃなかろうか？　と考えるようになりました。

冒険といっても、土地勘のない荒野を目指すわけではありません。日々の仕事の中で、仕事との関係を捉え直し、自分で自分の仕事をつくりあげていくことも、ささやかながら冒険といえるでしょう。

　ジョブ・クラフティングという考え方を理解しながら、これからのワークライフの充実のために、地に足の着いたささやかな冒険を始めましょう。

3.　本書の読み方

　本書はミドル・シニア層を念頭に置いていますが、若手社員や管理職、人事担当者などあらゆる年代の方がジョブ・クラフティングを学べる内容になっています。第1章は導入編として、ジョブ・クラフティングの基礎を学びます。ジョブ・クラフティングとは何か、どのような成果が期待できるのか、働く人にとってなぜ必要なのかが理解できるでしょう。

　ジョブ・クラフティングは実践してこそ意味があります。第2章と第3章は実践の入門編として、ジョブ・クラフティングをどのようにして実践していったらよいのかを、具体的に解説します。事例やエピソードを適宜紹介し、具体的なイメージがわくような構成になっています。

　さらに、発展編として、第4章・第5章では、ジョブ・クラフティ

ングの実践につなげるためのワークを紹介しています。業務内容の棚卸し、自分の価値観やエネルギーを知ることができるもので、一人でできますので、ぜひ実際に体験してみてください。グループワークや研修にご活用いただくこともできます。また、第5章ではジョブ・クラフティングを継続・発展させるためのヒントを紹介します。

応用編として、第6章では、定年後など将来の大きな節目を見据えたジョブ・クラフティングにフォーカスしました。第7章では、人事担当者やシニアの部下を持つ管理職向けに、ジョブ・クラフティングをどのように支援していけばいいのかをまとめました。

本書によって、皆さんが仕事に主体的に向き合い、働きがいや生きがいをより感じられるようになれば、これほどうれしいことはありません。

高尾義明

第4章
業務全体を俯瞰する　85

第7章
職場や組織からのサポート　179

ジョブ・クラフティングの基礎

　第1章では、ジョブ・クラフティングとはどのような取り組みなのか、どのような効果が期待できるのかを説明します。対象をミドル・シニア層に限定せず、一般的な説明を行います。ジョブ・クラフティングはミドル・シニア層だけのものではなく、若年層や中堅層にとっても有効です。全体像をつかむことは、自分自身のジョブ・クラフティングの向上に役立つのみならず、上位者として若年層などにジョブ・クラフティングを勧める際にも役立つことでしょう。

1. ジョブ・クラフティングとは

❶ ジョブ・クラフティングの定義

　ジョブ・クラフティングという概念は、2001年にエイミー・レズネスキー氏とジェーン・ダットン氏という米国の経営学（組織行動論）研究者によって提唱されました。[※1]したがって、学術研究から生み出された考え方です。彼らは、ジョブ・クラフティングは、「個人が自らの仕事のタスク（業務）境界もしくは関係的境界においてなす物理的および認知的変化」と定義しました。後には「従業員が、自分自身にとって意味があるやり方で、職務設計を再定義したり再創造したりするプロセス」という定義も提示されています。

　これらの定義は難解なので、もう少しわかりやすくいいかえます。ジョブ・クラフティングとは、「働く人たち一人一人が、自らの仕事経験を自分にとってよりよいものにするために、主体的に仕事そのものや仕事に関係する人との関わり方に変化を加えていくプロセス」のことです。重要なポイントは、①「主体的に」変化を加えることと、②変化の目的を「自分で」考えることにあります。

　つまり、ジョブ・クラフティングの第1のポイントは、主体的に変化を加えることですから、仕事の効率性を改善をするように上司から指示されて改善等を考案したり、実施することはジョブ・クラフティングには含まれません。

　ただし、上司から何らかの改善を指示されて、その際に自分らしさ

※1　Wrzesniewski, A., & Dutton, J. E., "Crafting a job: Revisioning employees as active crafters of their work," *Academy of Management Review,* 26(2), 2001, pp.179-201.

ジョブ・クラフティングとは…

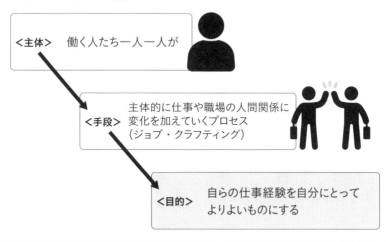

＜主体＞ 働く人たち一人一人が

＜手段＞ 主体的に仕事や職場の人間関係に変化を加えていくプロセス（ジョブ・クラフティング）

＜目的＞ 自らの仕事経験を自分にとってよりよいものにする

を活かせるように考え、実際に変化を加える場合にはジョブ・クラフティングともいえます。このように、ジョブ・クラフティングとそうでないものの境界は必ずしも明確ではありません。

　人との関わり方を例にして、ジョブ・クラフティングについて考えてみましょう。

　上司から部署の新人の面倒を見るように指示されて、その新人に指導するなど関わり方が変わったとしましょう。これだけではジョブ・クラフティングではありません。それに対して、新人への指導がきっかけとなって、自分の仕事への向き合い方が変わったとすれば、それはジョブ・クラフティングにつながったといえるでしょう。

このように、自分自身が仕事の目的を捉え直すことで仕事への向き合い方や仕事の仕方が変わってくることがジョブ・クラフティングです。

　一人一人が担っている業務は、会社全体としてのビジネスを行うためにやるべきことのパーツであり、上司や組織から与えられたものだったとしても、自分にとって意味のある経験と捉え直すことはできるでしょう。

　たとえば、あなたの業務が、年配顧客からのスマートフォン操作についての問い合わせに対応することとしましょう。時には、見当違いの質問を受けることもきっとあるでしょう。そのときに、「年配の面

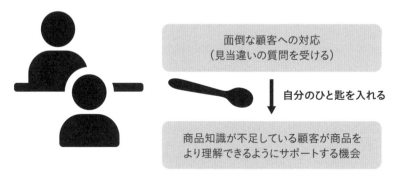

図表1-2 | 年配顧客からのスマートフォン操作についての問い合わせ対応

面倒な顧客への対応
（見当違いの質問を受ける）

自分のひと匙を入れる

商品知識が不足している顧客が商品をより理解できるようにサポートする機会

自分の親との会話を思い出して工夫する
・年配の顧客にとってわかりやすいたとえ話を入れる
・重要なポイントにマーカーを引く

自分のひと匙を入れてみることで、仕事の手触り感（仕事経験）が変わる可能性

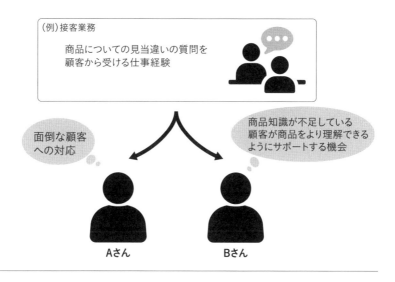

（例）接客業務

商品についての見当違いの質問を
顧客から受ける仕事経験

面倒な顧客
への対応

商品知識が不足している
顧客が商品をより理解できる
ようにサポートする機会

Aさん　　　　　　Bさん

倒な顧客への対応」とだけ捉えていませんか。

「商品知識が不足している顧客が商品をより理解できるようにサポートする機会」と捉えてみることもできるでしょう。すると、自分の親との会話を思い出して、年配の顧客にとってわかりやすいたとえ話を入れたり、重要なポイントにマーカーを引いたりするなどの工夫をしてみようと考えることでしょう。これが、自分らしさを加えるということです。

　ジョブ・クラフティングという考え方は、個人によって一つ一つの仕事の捉え方が多様であることを前提にしています。だからこそ、自分のひと匙を入れてみることで、客観的にはほぼ同じ仕事であっても

自分のとっての仕事の手触り感、すなわち仕事の経験が変わる可能性があります。それが、先ほどの定義に含まれていた「自らの仕事経験を自分にとってよりよいものにする」ことです。

ジョブ・クラフティングとは、上司や周りから期待される役割を果たしながら、小さいながらも主体的な変化を加えることであり、それによって与えられた仕事が自分らしい仕事に感じられるようになるでしょう。

❷ 人との関わり方の変化を含めて考える

ジョブ・クラフティングにおいては、人との関わり方の変化も重要な要素になっています。

というのは、ほとんどの仕事において仕事を遂行するために何らかの人との関わりがあるためです。仕事の中身そのものはもちろん、誰とどのようにして行うかが、仕事の意味や働きがいといった仕事体験に多くの影響を与えます。実際、離職理由の主な理由の一つとして、しばしば、人間関係が挙げられています。

さらには、他の人との関わりを通じて、自分の仕事がどのようなものかが見えてくるという側面もあります。仕事というものは、本来、誰かに対して何らかの貢献を果たすことで価値を生み出しているものです。

たとえば、レストランのホールで働いている人は、お客さんからの笑顔や「ごちそうさま」の声が仕事の価値の認識につながります。お客さんとの関わり方が変われば、お客さんからの反応も変わってきま

すし、うまくいかなかったときには内省し、自身で改善していくこともできるでしょう。

　もっとも、自分の仕事が誰に貢献し価値を提供しているか、わかりやすいものばかりではありません。収益や顧客満足に直接つながっていなくても、その仕事が適切になされなければ他の人たちの価値創出に影響を及ぼすような縁の下の力持ちのような仕事も多くあります。間接部門ではそういう仕事は少なくないでしょう。

　そういう場合でも、自分の仕事に関係する人たち、たとえば上司や同僚、他部門の人たちとのやり取りを通じて、自身の仕事が果たしている役割や貢献が見えてくることがあります。

　たとえば、業務システムを開発する部門で働いている人が、マネジャーから「システム構築は『業務プロセスの構築』であり、自分たちが自社の業務効率化を進めているのだ」と聞き、仕事の捉え方が広がり、仕事へのやりがいが深まったという事例もあります。

　仕事で関わる人は社内に限らず、取引先や彼らを経由してつながるエンドユーザーや消費者などを含めて考えてみましょう。

❸ 主体的に行う認知的な変化に注目

　ジョブ・クラフティングとは主体的に仕事や人との関わり方を変えていくことですが、目に見える変化もあればそうでないものもあります。自分なりの工夫を加えて仕事の手順を変えてみたり、自分に合うように仕事に用いるツールを調整するなどしても、変化が小さければ自分以外の周りの人からは変化を捉えてもらえないかもしれません。

認知的な変化によるジョブ・クラフティングもある

【物理的な変化】　　　　　　　　　　　　【認知的な変化】

仕事の進め方や人との関わり方の
変化を外から観察できる

仕事や人間関係の捉え方の変化
であり、外から観察できない

　しかし、ジョブ・クラフティングで大事なのは、自分自身が主体的
に行ったかどうかです。自分自身では、変化を加える前後の違いをは
っきり捉えることができるはずです。人との関わり方の変化について
も、顧客にかける言葉を少し変えてみたり、会議において今までより
も一歩踏み込んだ質問をしてみたり、といった小さな一歩が大事です。
　ジョブ・クラフティングには、自分自身の心の中だけで変わるもの
も含まれています。いいかえれば、物理的な変化だけでなく、仕事や
人の見方を変えるといった認知的な変化もジョブ・クラフティングだ
ということです。
　たとえば、教育に関わるソフトウェアのセールス・エンジニアが、

ふとした機会に「自分の仕事は未来の教育をよりよくするためのものだ」と自分の仕事を捉え直したとすれば、それはジョブ・クラフティングであり、その人の内面で仕事の捉え方についての変化が生じたといえます。ただ、口に出して言わなければ他の人からはわからないかもしれません。さらにいえば、自分自身でさえもいつから変化したと明確には自覚できていないことさえあります。

認知的な変化は、他の人と関わった経験がきっかけになることもあります。

たとえば、営業部門の人が、サポート部門の人を、「ビジネスに直結しないのに、細々したことを指摘してくる面倒な人たち」とみなしていたところが、ある日、トラブル対応で顧客に真摯に対応してくれたことをきっかけに、一緒に働く仲間という意識に変わりました。このような変化も、ジョブ・クラフティングに含まれます。

2. ジョブ・クラフティングの形式

　ジョブ・クラフティングは、働きがいをセルフ・プロデュースする力を高めていく手がかりですが、その定義と形式を図表にしたのが図表1-5です。

　ジョブ・クラフティングには、①業務クラフティング、②関係性クラフティング、③認知的クラフティングの3種類があります。それぞれについて、解説していきます。

図表1-5 ジョブ・クラフティングの定義と3つの形式の関係

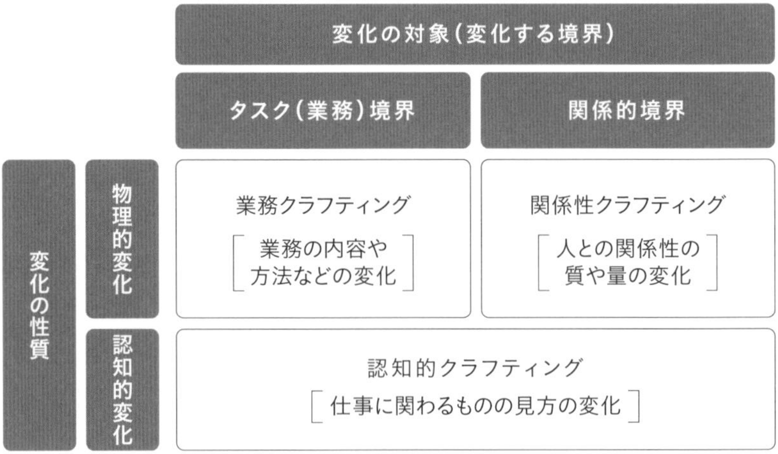

変化の対象（変化する境界）		
	タスク（業務）境界	関係的境界
物理的変化	業務クラフティング ［業務の内容や 方法などの変化］	関係性クラフティング ［人との関係性の 質や量の変化］
認知的変化	認知的クラフティング ［仕事に関わるものの見方の変化］	

（変化の性質）

出所：筆者作成

1 業務クラフティング

　業務クラフティングは、業務の内容や方法を変更することであり、3種類のうち最もイメージしやすいことでしょう。作業方法を自分で見直してみたり、自分の得意なことを活かして仕事を工夫することなどが当てはまります。これまで引き継いできたマニュアルがいまひとつだと思い変えてみたり、マンネリ化してきているマーケット情報に、自身の興味と顧客の関心が強い新しいコラムを加えてみるなど、小さな変化であっても、業務クラフティングです。

　皆さんもさまざまな業務を担っていると思いますが、業務の中には、意義を感じやすいものもあれば、あまり感じにくいものもあります。そうした中で、意義を感じやすい仕事に振り分ける比重を高めてみたり、そうした業務が際立つようにすることも業務クラフティングです。

　また、仕事の性質にもよりますが、業務の段取りを変えることも、業務クラフティングになりえます。得意なものを先にするのがよいのか、後に持ってくるのがよいのかはその人次第ですが、業務遂行の順番を変えるという小さいことであっても、仕事の経験が変わることがあります。

　では、マニュアルで業務の内容や方法が厳格に決められている仕事では、業務クラフティングはできないのでしょうか。いえ、そうとはいいきれません。どんなに精緻なマニュアルがあり、それに正確に従うことが求められていても、何らかの自由裁量の余地は必ずあるものです。というのは、人が事前に考えられることには限界があり、完璧なマニュアルをつくることができないからです。

もちろん、そうした自由裁量の余地の広さは仕事によってさまざまですが、自分をひと匙入れようという姿勢があれば、そうした余地は見つけられることでしょう。ジョブ・クラフティングで大事なのは、自分で何かを変化させることができるという実感を持てるかどうかであり、その変化の大小にこだわる必要はないのです。

❷ 関係性クラフティング

　関係性クラフティングとは、人との関係性の質や量を変化させることです。先に述べたように、人との関わり方のちょっとした変化が仕事の経験を変えるきっかけになったり、些細な一言が仕事の意味を深めたり、逆に白けさせたりします。このように人との関わり方や関わる相手について変化を起こすことで、仕事そのものはほとんど変わらなくても、仕事をどのようなものとして経験するかが影響を受けることがありえます。

　さらにいえば、他者との関わりを通じて、業務そのものを具体的に変えるヒントが得られるかもしれません。たとえば、普段接点が少ない部門からの参加者がいる会議で、積極的に声をかけてみるというのも関係性クラフティングになるかもしれません。あるいは、最近では決して少なくない、挨拶しないのが当たり前になっている職場で、自分から挨拶を積極的にやり続けることも関係性クラフティングといってもいいでしょう。たかが挨拶と思われるかもしれませんが、それによって職場の雰囲気は変わり、仕事の経験が変わってくることは十分にありえることです。ほかには、情報共有が少ない職場で情報共有を

図ったり、逆に積極的にいろいろな人たちにアドバイスをもらうように心がけることも、関係性クラフティングに含まれるでしょう。

　関係性を変える相手は同じ組織の人たちとは限りません。サービスの現場で、顧客の意図を読み取って、マニュアルにはないような声がけを行うというのも関係性クラフティングです。海外の取引先と対面で会うことができない中、チャットなどのやり取りを続けることで良好な関係を築けたり、担当者に親しみを感じられるようになったというのも、関係性クラフティングといえるでしょう。

　ところで、自分の業務が役に立っている相手と接点を持ったり、接点を増やすことで仕事のやりがいが高まることは実証研究からも明らかにされています。ある研究では、大学の奨学金募集のために雇われているスタッフが、奨学金を得ることで就学できた学生と直接話をすることで、奨学金集めという自分の仕事の価値を実感し、その後の仕事意欲や募金集めの実績が顕著に上昇したという結果が見られました。[※2]スタッフが自分から奨学金が受給された学生に会おうとしたわけではない点では、ジョブ・クラフティングではないのですが、その結果として、それが③で紹介する認知的クラフティングにつながったという事例です。

　3種類のクラフティングは、このように混ざり合うことが少なくありません。①の業務クラフティングと②の関係性クラフティングが混ざるようなケースもあります。情報配信業務で編集後記を新たに加えた（業務クラフティング）ことによって、社内外からこれまでと違う反応が得られ、読者である社内外関係者と話す機会が増えた（関係性

※2　Grant, A. M., "The significance of task significance: Job performance effects, relational mechanisms, and boundary conditions," *Journal of Applied Psychology*, 93(1), 2008, pp.108-124.

クラフティング）というような例が挙げられます。

3 認知的クラフティング

　認知的クラフティングは、仕事に関わるものの見方を変えることです。客観的に見える行動だけではなく、ものの見方という主観的な変化もジョブ・クラフティングには重要なことです。日本におけるジョブ・クラフティング研究の先駆者の一人である森永雄太氏（上智大学）が取り上げている、東京ディズニーリゾートのカストーディアル・キャスト（清掃スタッフ）の例を紹介しましょう[※3]。

　ディズニーランドの清掃スタッフであるカストーディアル・キャストは、自分の役割を単なる掃除係ではなく、「ゲストをもてなすキャストの一員」と捉えているといわれています。このように仕事を捉えれば、彼（女）らは、パーク内外の清掃を担当しながら、写真撮影や道案内はもちろん、ほうきでミッキーの絵を描いてゲストを喜ばせるなど、さまざまな仕事を主体的かつ柔軟に取り入れることでよりやりがいのある仕事を経験しています。

　もちろん、これは彼（女）ら一人一人の思いが起点となった仕事の捉え方というよりは、運営会社（オリエンタルランド）による戦略であり、カストーディアル・キャストが受け容れているという意味ではマネジメントの成果ともいえるでしょう。しかし、清掃という一見単純作業に思える仕事もさまざまな捉え方ができ、仕事についての考え方が具体的な行動に反映することをわかりやすく説明している例といえます。

※3　森永雄太「"つまらない仕事"を変える自律的な働き方ジョブ・クラフティングの実践」『PRESIDENT』2017年11月13日号, pp.120-121

ジョブ・クラフティングの提唱者たちの研究の原点となったのが、大学病院の清掃スタッフに対して行ったインタビューでした。「マニュアル通りに掃除するだけが仕事である」と思っている人がいる一方で、「自分の仕事は患者さんの治癒に貢献している」と捉えている人もいました。清掃スタッフは、さまざまな仕事の捉え方をしており、その違いによって、患者やその家族、治療スタッフとの関わり方や仕事への関わり方が異なっていることもわかりました。

　つまり、他者からすれば同じ業務をしているように見えても、当事者の仕事の捉え方には幅があり、それを自ら変えることが認知的クラフティングです。

　別の例として、営業イベントの来場者が手書きで記入した情報を入力する業務について考えてみましょう。これを、単なる入力作業とみなすこともできれば、来場者の特性を自分なりに分析する機会だと考えることもできます。前者の捉え方だと退屈で疲れる作業でしかないのに対して、後者の捉え方をすれば「どんな業界の人が見に来ているのか。新しいビジネスにつなげることはできないだろうか」などと主体的に考えることができるでしょう。

　このように、認知的クラフティングによって、仕事に対する取り組み姿勢が変わり、それによって得るものも変わってきます。

3. ジョブ・クラフティングが注目されるのはなぜか

１ エンゲージメントを高める

ジョブ・クラフティングが企業をはじめとしたさまざまな組織から注目を集めています。というのは、働きがいを向上させることで、エンゲージメントを高めることにつながるためです。

近年、人事部門を中心にした実務界や経営学界では、人的資本の情報開示や離職防止の観点から、エンゲージメントがキーワードになっています。

ワーク・エンゲージメントとは、「仕事に関連するポジティブで充実した心理的状態」のことです。よりわかりやすくいえば、ワーク・エンゲージメントが高い状態とは、「仕事から活力を得て」（活力）、「仕事に誇りとやりがいを感じ」（熱意）、「仕事に深く集中している」（没頭）状態です。

これまでの多くの研究からも、ジョブ・クラフティングの実践がワーク・エンゲージメントに対してポジティブな影響を与えることが確認されています。

仕事とのミスフィット感が軽減できたり、自分の仕事に意義を見出すことができるようになるからです。

❷仕事とのミスフィット感を小さくする

　仕事とのミスフィット感が起これば、離職や働きがいの低下につながりやすいものです。ミスフィット感はなぜ起こるのでしょうか。自分のやりたいことと仕事が合っていない場合や、仕事で求められることが自分のスキルと合っていない場合もあるでしょう。職場の人たちとの折り合いが悪く、仕事のパフォーマンスが上げられないという人もいるかもしれません。

　そんなときに、業務クラフティングを実践することによって、仕事の中でも自分が興味を持てることに少し多めに時間を使ったり、自分の強みを活かせるように仕事のやり方を変えてみたりすることができれば、仕事を自分の方に引き付けることができるでしょう。あるいは認知的クラフティングを実践し、自分の仕事に意義が見出されるようになると、仕事への捉え方が変わってきます。大学病院の清掃スタッフの例でいえば、清掃は患者さんの治癒に貢献する仕事だと捉えると、スタッフは自分の行っている仕事の意義を感じ、患者に寄り添えるようになり、ワーク・エンゲージメントが高くなることでしょう。

　仕事の意味付けに特に影響を与えるのは認知的クラフティングですが、業務クラフティングや関係性クラフティングも関わります。自分のひと匙を加える業務クラフティングを実践することで、その仕事の自分にとっての意味合いが変わる可能性があります。たとえば、イラストを描くことが得意で好きな人が、マニュアルを改訂する仕事の際に自分のイラストを入れるようにすれば、マニュアル改訂という仕事に、これまでと違うような手触り感を加えることができるかもしれま

せん。

　また、関係性クラフティングで周囲との関係性が変わると、同僚との共同作業に対して以前よりもポジティブな捉え方ができるようになるでしょう。

　仕事とのミスフィット感の減少や、仕事の意義の感じ方が変わることを通じて、ジョブ・クラフティングが働きがいの向上につながります。ミドル・シニアに限らず、働きがいをセルフ・プロデュースする力を従業員が備えることが求められるようになっています。近年、ジョブ・クラフティングに対する注目度が高まっているのもそのためです。

図表1-6 ┃ ジョブ・クラフティングの進め方

入門編	発展編	応用編
（第2章） ジョブ・クラフティング・マインドセット （第3章） 最初の一歩を踏み出し、習慣化を図る	（第4章） 業務全体を俯瞰する （第5章） ジョブ・クラフティングを継続・発展させる	（第6章） 定年も見据えたジョブ・クラフティングの方策 （第7章） 職場や組織からのサポート

ジョブ・クラフティングの概念を理解したところで、実践に移りましょう。次章からは、図表1–6の順序でジョブ・クラフティングの実践について解説します。自分のひと匙を探し、習慣化させる方法を学んでいきましょう。

第1章のまとめ

◉ ジョブ・クラフティングとは、「みずからの仕事体験をよりよいものにするために、主体的に仕事そのものや仕事に関係する人たちとの関わり方に変化を加えていくプロセス」のことです。

◉ ジョブ・クラフティングには3つの形式があります。
　①業務クラフティング
　　業務内容や作業方法を自分で見直したり、自分の得意なことを業務に入れられるよう工夫をすることです。
　②関係性クラフティング
　　人との関係性や質を変化させることです。
　③認知的クラフティング
　　仕事に関するものの見方を変えることです。

◉ ジョブ・クラフティングが注目されるのは、①ワーク・エンゲージメントを高めること、②仕事のミスフィット感を小さくするためです。

ジョブ・クラフティング・マインドセット

　ジョブ・クラフティングを「仕事の中に『自分』をひと匙入れること」にたとえ、それがもたらす効果について紹介しましたが、どのように始めてよいかわからない、また、やろうと思っても自分ならではの「ひと匙」がどういうものかわからない、と思われる方もいらっしゃるでしょう。この本では、無理なくジョブ・クラフティングに取り組めるように、最初は小さく始めて、次第に範囲を拡張していくプロセスを順を追って解説していきます。

　段階的に実践を進めていくことの前提として、最初にジョブ・クラフティング・マインドセットという考え方を説明します。それに続いて、自分のひと匙を探していくさまざまな方法を紹介していきます。最初の一歩を踏み出すための準備を進めていきましょう。

1. ジョブ・クラフティング・マインドセットの重要性

1 マインドセットとは

　マインドセットとは、その人の中で定着している物事の見方や考え方のことです。本書で取り上げる「ジョブ・クラフティング・マインドセット」は、スタンフォード大学の教育心理学者、キャロル・S・ドゥエック氏の人の能力についての考え方を下敷きにしています。[※1] 人の能力に関するマインドセットには、しなやか（成長）マインドセットと硬直マインドセットが関係しています。

　人の能力は固定的であり、変化しないというのが硬直マインドセットです。それに対して、努力や学習方法の工夫などによって能力は成長しうると考えるのが、しなやか（成長）マインドセットです。能力の発達にプラスの影響をもたらすのが、しなやか（成長）マインドセットで、硬直マインドセットは能力の発達を阻害すると、ドゥエック氏はいいます。

　ある課題に対してどのように取り組むか、失敗に直面したときにどのように反応するか、それぞれのマインドセットで考えてみましょう。硬直マインドセットを持っている場合には、課題の達成によって自分に能力があり、優れていることを示そうとします。そのため失敗や間違いに対して臆病になり、失敗に直面したらそれでおしまいだと考えがちです。一方、しなやか（成長）マインドセットを持っていると、

※1　キャロル・S・ドゥエック『マインドセット「やればできる！」の研究』（草思社、2016年）

硬直マインドセット

人の能力は固定的であり、
変化しない

能力の発達にマイナスの影響

しなやか（成長）マインドセット

努力や学習方法の工夫などに
よって人の能力は成長しうる

能力の発達にプラスの影響

課題を通じて能力を伸ばそうと努力し、失敗したときでもさらに努力
したり、他の方法を探そうとしたりします。

このような積み重ねで、能力発達にも差が出てくるというわけです。

2 仕事に関するマインドセット

ジョブ・クラフティング・マインドセットは、「硬直的である／変
化しうる」という対比を、仕事に対して適用したものです。仕事に対
して硬直マインドセットを持てば、仕事は自分で変えられないものだ
と考えるのに対して、しなやか（成長）マインドセットを持てば、仕
事は自分で変えることができると考えることでしょう。

つまり、「自分はジョブ・クラフティングを通じて、仕事を変えることができる」というのがジョブ・クラフティング・マインドセットを持てている状態です。では、なぜそれが重要なのでしょうか。モチベーションやキャリアを設計する際によく使われる「Will（自分のやりたいことや実現したいこと）–Can（できること、できそうに思えること）–Must（やるべきこと）」のフレームワークを使って考えてみましょう。

　自分のひと匙を入れようという思いから、自分の仕事をよりよくするためのアイデアを思い付いたとしても、それができそうだと思えなければ実際に一歩踏み出すことは難しいでしょう。いいかえれば、

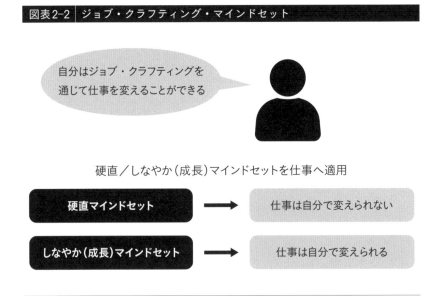

図表2-2 ┃ ジョブ・クラフティング・マインドセット

自分はジョブ・クラフティングを通じて仕事を変えることができる

硬直／しなやか（成長）マインドセットを仕事へ適用

| 硬直マインドセット | → | 仕事は自分で変えられない |
| しなやか（成長）マインドセット | → | 仕事は自分で変えられる |

Willだけでは実践につながりにくく、Canも揃って初めて実践に向けて一歩踏み出せるということです。

　営業パーソンから部門の収益管理の業務に異動したAさんの事例で考えてみましょう。外を飛び回っていたAさんにとって、パソコンの前に座って数字を拾っていく作業には、さぞ抵抗があっただろうと想像が付きます。それでもAさんは、自分の業務にジョブ・クラフティング・マインドセットを持って臨みました。Aさんにとっての「Must」は、「部門の収益を把握すること」です。Aさんはこの Must をこなしていったのですが、指示された業務に取り組んでいく中で、「何かひと匙を入れられるのではないか」と思い、「月締めのグラフに、業界動向や気になるニュースを並列してみてはどうだろう。売上げ増減の分析に役立つかもしれない」と思い付きました。Aさんは、「Must」に役立つなら仕事は変更できる（Can）と考えていたため、自分の「ひと匙」（Will）を加えることにしました。Aさんの加えた情報は営業部門の人たちからも「わかりやすい」と評価されて、Aさんのモチベーションアップにもつながりました。

　もし、Aさんが同じアイデアを思い付いて、それが「Must」に役立つと思っても、業務は変更してはいけないものだと考えたならば、このようなモチベーションアップは生じなかったでしょう。このように、「自分は（ジョブ・クラフティングを通じて）仕事を変えることができる」というジョブ・クラフティング・マインドセットが、ジョブ・クラフティングの実践を左右します。

　また、ジョブ・クラフティング・マインドセットを持っていれば、

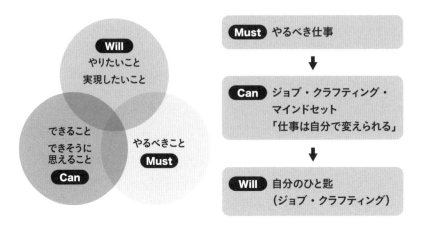

図表2-3 ジョブ・クラフティング・マインドセットの重要性

Will
やりたいこと
実現したいこと

できること
できそうに
思えること
Can

やるべきこと
Must

Must やるべき仕事

Can ジョブ・クラフティング・
マインドセット
「仕事は自分で変えられる」

Will 自分のひと匙
（ジョブ・クラフティング）

Willだけでは実践につながりにくく、Canも揃って初めて実践に向けて一歩踏み出せる

ジョブ・クラフティングの機会がないかを注意して探そうとするといわれています。逆に、ジョブ・クラフティング・マインドセットがなければ、自分の業務にはクラフティングの余地はないと考え、その機会を探そうとしないでしょう。このように新たなジョブ・クラフティングのチャンスを見つけようとすることが、ジョブ・クラフティング実践の第一歩になります。

3 マインドセットの効果

しなやか（成長）マインドセットがプラスの効果をもたらすことは、教育の分野にとどまらず、会社組織や仕事の場においても確認されて

います。個人のパフォーマンスを高め、同僚と相互にサポートする関係をつくりやすいともいわれています。また、ジョブ・クラフティング・マインドセットと組み合わせると、仕事における幸福感が持続しやすいといった研究成果が知られています。

　筆者は、2023年秋に、首都圏の自治体に勤務する地方公務員の方（362名）を対象に、ジョブ・クラフティングをどの程度実践しているか、ジョブ・クラフティング・マインドセットをどの程度持っているかなどについて、アンケート調査を実施しました。一般に、地方自治体のような公共組織では、法令等の制約や職場風土の影響で一般企業よりもジョブ・クラフティングを実践しにくいという印象があります。ところが、この調査では、ジョブ・クラフティング・マインドセットが高い職員は、ジョブ・クラフティングをより実践しているという結果が明らかに見られました。いいかえれば、ジョブ・クラフティング・マインドセットがジョブ・クラフティングの実践を促進しているというわけです。

　特に、業務の自律性が高い職員において顕著な結果が出ました。ここでいう業務の自律性が高いとは、仕事の段取りを自分で決められる余地があることや、仕事に関することを自分で決定できる範囲が広いことを指します。

　同時に、業務の自律性が高いだけでは、ジョブ・クラフティングの実践は促進されなかったという結果も明らかになりました。つまり、ジョブ・クラフティング・マインドセットが高くなければ、業務に自由裁量の余地があっても、ジョブ・クラフティングは積極的に行われ

ジョブ・クラフティング・マインドセットが高い
＋
仕事の自律性が高い

↓

よりジョブ・クラフティングを実践する

ジョブ・クラフティング・マインドセットがジョブ・クラフティングの実践を促進する
（特に、仕事の自律性が高い職員で顕著な結果が出た。一方、仕事の自律性が高いだけでは、ジョブ・クラフティングの実践は促進されなかった）

なかったということなのです。

　まとめると、ジョブ・クラフティング・マインドセットを持っている人は、ジョブ・クラフティングの機会を注意して探そうとする傾向があるため、実践につなげられるということです。自律性が高い職務に就いている方がそうした機会をより見つけやすいために、ジョブ・クラフティングの実践が増えると考えられます。

❹ ジョブ・クラフティング・マインドセットの醸成

　同じ組織で働いていても、誰もが同じようなレベルでジョブ・クラフティング・マインドセットを持っているわけではありません。しか

しながら、能力に関するマインドセットを変えることができることと同様に、ジョブ・クラフティング・マインドセットの強さも変化しうると考えられています。

　もっとも、一足飛びに高めることは難しく、実践によって少しずつ高められていくと考えられます。具体的には、ジョブ・クラフティング・マインドセットを維持し、高めていくには、ささやかな成功（small win）に焦点を当てることが大事だとされています。他の人から見えないかもしれないような小さな変化を自分で創り出すところから始め、それが自分にとってのささやかな成功となることが、ジョブ・クラフティング・マインドセットを育み、高めていくことにつながります。

　ささやかな成功が重要であるのは2つの理由があります、第1に、小さな変化が積み重ねていくことで大きな変化へと結実したり、そうした積み重ねがより大きな変化の土台になったりするからです。小さな変化の積み重ねが実務的な成果につながるということで可視化されることもあれば、個人内部で、仕事の捉え方や自分自身のアイデンティティといった認知的な変化として立ち現れることもあります。

　第2に、ささやかな成功を重ねていくことで、自分で決めているという自己決定感が少しずつ高まり、それによって、ジョブ・クラフティング・マインドセットが強化されるという好循環が生じることが期待できるからです。

　もちろん仕事を始める前から、ジョブ・クラフティング・マインドセットの程度には個人差があります。したがって個人の特性が無関係

ということではありませんが、ささやかな成功を通じて、ジョブ・クラフティング・マインドセットを醸成できることから、それはジョブ・クラフティングの実践経験から学習していくものだといえます。

　また、ジョブ・クラフティング・マインドセットは、能力に関するしなやか（成長）マインドセットとも相性が良いといわれています。しなやか（成長）マインドセットによって、失敗からも学ぶことに積極的になれれば、ジョブ・クラフティングの実践へ踏み出す不安も軽減できるでしょう。また、しなやか（成長）マインドセットは自分自身が変化しうることを前提としています。ジョブ・クラフティングにおいてもまた、仕事の変化を通じて自分の仕事に対する見方や価値観

図表2-5 　ジョブ・クラフティング・マインドセットが起点

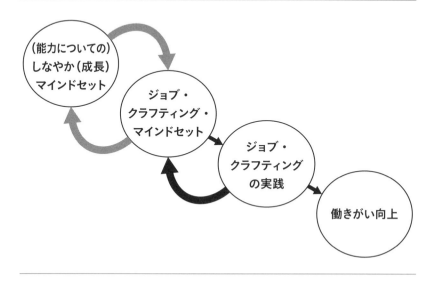

が変わることが想定されています。

　以上をまとめたものが、図表2-5です。ジョブ・クラフティング・マインドセットの醸成を意識しながら、ささやかなジョブ・クラフティングの実践を習慣化し、継続していくことが働きがいの向上につながります。では、どのようにしてジョブ・クラフティングを始めればいいでしょうか。まずは、自分のひと匙を探すことから始めましょう。

2.　自分のひと匙の探し方

「はじめに」で紹介したように、ジョブ・クラフティングとは自分自身にとっての「ひと匙」を入れようとすることにあります。

　自分のひと匙というと、他の人が持っていないスキルや能力といった、独自性の高いものが求められるように思いがちですが、ジョブ・クラフティングでは、他者と比較する必要はありません。あくまで、自分にとっての意味が大事なのです。

　子会社に管理職として出向したBさんの話を紹介しましょう。
「子会社のプロパー社員は若手中心でしたので、親会社から出向してきた部長が煙たがられるのは無理もありません。すべての人に「さん」付けし、『わからないので、教えていただけますか』と質問し、メモを取りました。メモを取るというのが新鮮に映ったようで、『今度の部長は話を聞いてくれる』と、次第に業務に関わる話をするよう

仕事の中に**「自分」をひと匙**入れる
（自分起点での仕事への働きかけ）

になり、『部長ならどうしますか』と聞かれるようになりました。自分としては、これまでの経験を話しただけですが、そういう機会がなかった人たちには大いに参考になったようです。私自身も過去の手帳なども見直し、自分の体験談を今の仕事に活かせるように、情報を整理して話しました。次第にチームになっていけた気がします」

次に挙げるのが、子育てのために退社した後に、再入社したCさんです。

「新卒で入った会社では、育児のために退社しました。数年してご縁があり、再入社しました。会社から距離を置いていたことや、その間

に別の仕事をしていた経験から、自分の持ち味は、会社や仕事を客観的に見ることができることだと考えるようになりました。そこで、たとえば、プロジェクトが進まずにグループ全体が煮詰まった雰囲気になったときには、場を和ませることが必要と考え、笑いを提供したりするようにしています」

　ジョブ・クラフティングはそれほど難しいことではないということがおわかりいただけたのではないでしょうか。組織変更や転職などの外部環境の変化がきっかけになることはありますが、日々の仕事を通じても自分のひと匙を探す方法はあります。

図表2-7 ｜ 自分のひと匙の探し方

過去の
仕事経験の
振り返り

現在の
仕事から
抽出

越境経験の
振り返り

自己認識
のための
ツール活用

他の人に
聞く

まず、自分にとって持ち味や強みと思えるものを再認識しましょう。それを知るための方法として、「過去の仕事経験の振り返り」「現在の仕事からの抽出」「越境経験の振り返り」「自己認識のためのツール活用」「他の人に聞く」の5つを紹介しましょう。

❶ 過去のジョブ・クラフティング経験を思い出す

　主体的に変化を生み出すには、まずは自分のジョブ・クラフティング体験を振り返ってみましょう。おそらく、ジョブ・クラフティングの概念を学んだことで、過去の体験を思い出しやすくなっていることと思います。さまざまな経験の中から、成果の大きさにとらわれず、自分が主体性を持って動いた経験やワクワクした経験にフォーカスしましょう。

　医薬品メーカーでマネジャーとして活躍されているDさんは、入社直後に営業補助業務を担当されていたときの経験を次のように話しています。

　「営業補助職は、営業担当者の指示通りに資料を作成するものと位置付けられており、営業会議に出席することもありませんでした。ところが、新しく異動してきた営業所長は営業補助職も営業会議に参加すればいいという考えで、営業会議に出席するようになりました。すると、自分の関わっている資料がどのように活用され、ドクターに何を伝えるのが重要なのかが把握できるようになりました。それをきっかけに、ドクターに内容や意図が伝わるように、図表や文字の大きさなどを工夫するようになりました。今から振り返ると、これがジョブ・

クラフティングだったのだと思います」

　もちろん、ここで思い出された経験や、それを通じて発見したこだわりや強みなどは、今の職場や仕事でそのまま活かせないことも少なくないでしょう。しかし、そうした経験を掘り下げることで、自分のこだわりや価値観といったものを発見し、自分のひと匙を入れる手がかりになります。

２ 現在の仕事から抽出する

　現在従事している仕事を見つめ直すことで、自分のひと匙ポイントを探すことができれば、それはきっと実践につながりやすいでしょう。そのヒントとして、マーカス・バッキンガム氏とアシュリー・グッドール氏が『仕事に関する9つの嘘』（サンマーク出版）の中で取り上げた方法を紹介します。それは、1週間、自分の仕事に従事するときの気持ちを観察し、仕事に関する好きなことと嫌いなことを記録するという方法です。

　この方法に取りかかる週は、仕事中にいつも記録用のノートを携行します。どこにでも携行でき、すぐに記録できるなら、デジタルデバイスでもよいでしょう。

　まず準備作業として、そのノートの真ん中に縦線を引いてページを左右に分けて、左側の上部に「好きなこと」、右側の上部には「嫌いなこと」と書きます。

　仕事中に、それをすることが待ち遠しくてたまらない、それをしていると時間が矢のように過ぎる、やり終えた後でまたやりたくなる。

好きなこと	嫌いなこと
具体例を記述してください	具体例を記述してください

（例）
- お客様への提案
- お客様との情報交換
- ▓▓▓▓▓▓▓▓▓▓▓▓▓▓▓▓▓▓
- ▓▓▓▓▓▓▓▓▓▓▓▓

（例）
- かっちりした資料づくり
- 整理整頓
- ▓▓▓▓▓▓▓▓▓▓▓▓▓▓▓▓
- ▓▓▓▓▓▓▓▓▓▓▓▓▓▓▓▓
- ▓▓▓▓▓▓▓▓▓▓▓▓▓▓▓▓▓▓

この中に自分の
「赤い糸」（＝ひと匙ポイント）
がある可能性も

それらのどれか1つに当てはまると感じたら「好きなこと」の欄に、その具体的な内容を書き留めます。それと正反対の気持ちの気持ちを感じたときには「嫌いなこと」の欄に、具体的な内容を書き記します。先延ばししたくなる、「初歩的」だといって新人に押し付けようとしたくなる、それをしている最中に時間の歩みが遅くなったように感じる、やったあとで二度とやりたくないと思う、といった内容のものです。

　どちらにも当てはまらないものについては、書き留める必要はありません。

　1週間かけて書き留めた「好きなこと」の欄にある活動こそが、自分が熱意を持って行える活動で、マーカス・バッキンガム氏とアシュ

リー・グッドール氏はそれを「赤い糸」と呼んでいます。

「赤い糸」の発見の際のポイントは、「好き」のハードルをあまり高めに設定しないことと、仕事を細かな業務に分けて、それが好きか嫌いか判断することです。たとえば、顧客に対して何らかの提案をプレゼンするという仕事でも、提案内容そのものを考えるのが好きな人もいれば、提案資料を緻密につくることが楽しいと感じる人もいれば、顧客を説得するための駆け引きに魅力を感じる人もいます。このように、顧客へのプレゼンという仕事でもいくつかに分けることができ、それらの業務もさらに分解できます。

そのように細分化して、自分にとっての赤い糸がどこなのか掘り下

図表2-9 「好き」のハードルをあまり高めに設定しない

仕事を細かな業務に分けて、それが好きか嫌いか判断する

顧客へのプレゼン

提案内容そのものを
考えるのが好き

提案資料を緻密に
つくることが楽しい

顧客を説得するための
駆け引きに魅力を感じる

げていく中で自分のひと匙ポイントを見つけられるでしょう。当然ですが、「好きなこと」ばかりで仕事が成り立っているということはめったにありません。2つでも3つでも、小さな「赤い糸」、すなわち自分のひと匙ポイントが見つかれば十分です。

３ 越境経験を振り返る

過去のジョブ・クラフティング経験や今の仕事の分析とは少し違う視点で、過去や現在の仕事経験を省みるために、「越境」というキーワードを挙げたいと思います。

越境とは、文字通り、境（界）を越えることで「異なるコミュニティや状況間をまたぐ（横断する）」こととされています。シンプルにいえば、越境経験とはいつも（ホーム）と違うところ（アウェイ）に来たと感じる体験をすることです。

近年、人事・実務の世界では、ホームとアウェイを行き来する越境は、個人の学習・成長を促すことにつながるとして注目されています。社外での勉強会への参加や社会人大学院などへの通学、ボランティア活動、副業（複業）などが典型的なものとして取り上げられています。社外での勉強会としては、専門分野が共通する人たちで実施されるもの（さまざまな会社の人事部門の人たちがHRテックについて学ぶ、IT技術に関してアイデアを競うワークショップ形式のイベントであるハッカソンに参加するなど）もあれば、専門性に絞られないもの（キャリアに関する語り合い、話題の書籍の読書会など）もあります。また、最近では、オンラインを活用したものも多く出てきており、自

（例）
・社外勉強会、社会人大学院、ボランティア、副業（複業）
・離職・転職、他部門への異動
・小さなアウェイ体験（出たことがない会議への参加）

ホーム
いつもの経験

アウェイ
いつもと異なる経験

分の環境に合わせて選択肢が広がってきています。

　こうした越境を経験する場に自分の身を置くと、自分にとっての常識がそこで出会う人たちにとっては目新しいことであり、逆に自分にとって思ってもみないことが他の人たちにとって当たり前であるという発見をすることがあります。先に例として挙げた副業（複業）や社外での勉強会といった越境を経験したことがあれば、そこで自分のスキルや考え方について、他の人たちからどのようなことが高く評価されたか思い出してみると、自分のひと匙を見出すきっかけになるでしょう。

　そうした経験が思い当たらない方には、越境の範囲を広く捉えるこ

とをお勧めします。一つの広げ方は、離職や転職の経験、同じ組織内であってもまったく違う部門への異動の経験といった、往還しないものを含めることです。そうした越境の経験を通じて得たことの中には、自分のひと匙につながるものがあるかもしれません。

　もう一つの越境の範囲の広げ方は、普段の仕事や生活の延長上に生じる小さなアウェイ体験を越境と捉えてみることです。たとえば、社内の会議でもこれまで出たことがない会議に参加したときに、自分自身や自部門の理解と関係がないところで、どんなことに自分が興味を持ったか振り返ってみるのも一つの方法です。

　このように、越境経験の振り返りによって、ジョブ・クラフティングにつながる気づきを得たり、自己の強みやこだわり、熱意の源泉を発見したりするきっかけとなることがあります。第5章でも言及しますが、越境経験は、ジョブ・クラフティングの幅を広げることにも役立つでしょう。

4 自己認識のためのツールを活用する

　近年、働く人たちの自己認識（self-awareness）に対する関心が高まっており、心理学などの関連領域の知見を活用した自己認識の助けとなるさまざまなツールが開発されています。そうしたものを活用することで、自分の強みや大事にしている価値観などを、新たに見出すことができます。

　ここでは私自身も試したことがある、代表的なものを3つ紹介します。

1	審美眼(Appreciation of Beauty & Excellence)	13	親切心(Kindness)
2	勇敢さ(Bravery)	14	リーダーシップ(Leadership)
3	創造性(Creativity)	15	愛情(Love)
4	好奇心(Curiosity)	16	向学心(Love of Learning)
5	公平さ(Fairness)	17	大局観(Perspective)
6	寛容さ(Forgiveness)	18	忍耐力(Perseverance)
7	感謝(Gratitude)	19	思慮深さ(Prudence)
8	誠実さ(Honesty)	20	自己調整(Self-Regulation)
9	希望(Hope)	21	社会的知性(Social Intelligence)
10	慎み深さ(Humility)	22	スピリチュアリティ(Spirituality)
11	ユーモア(Humor)	23	チームワーク(Teamwork)
12	知的柔軟性(Judgment)	24	熱意(Zest)

　最初に挙げるVIA-ISは「Values in Action Inventory of Strength」の略で、性格上の強みを24の観点から把握するものです。ポジティブ心理学の第一人者であるクリストファー・ピーターソン博士とマーティン・セリグマン博士が中心になり、後述の「ストレングス・ファインダー」を開発したギャロップ社とも協力して開発されました。

　強みの24のタイプは、図表2-11の通りですが、創造性、誠実さ、向学心、チームワークなどが含まれています。オンラインで診断サービスが提供されていますので一覧表を見るだけでなく、それを実施することをお勧めします。[※2]

※2　https://www.viacharacter.org/Survey/Account/Register

なお、オンラインの診断サービスは、日本語に切り替えることもできます。120個の質問に答えると、24の強みの順位が表示されますが、上位5つが自分を特徴付ける強みと理解するとよいといわれています。

　次に紹介するのは、ニューメキシコ大学のウィリアム・ミラー氏らが開発した個人価値観カード（Personal Values Card Sort）を用いた方法です。
　価値観カードは100枚あり、1枚ずつに1つの価値観が記載されています。価値観といっても、「自由」「寛大さ」といった、いかにも価値観を表すものもあれば、「自己コントロール」や「リーダーシップ」

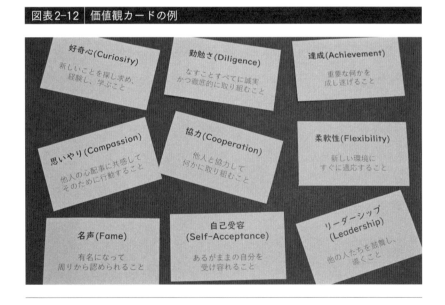

図表2-12　価値観カードの例

などのように、強みとして解釈できるものも含まれています。そうした100枚のカードから自分にとって特に重要なものを選び出すことで、自分が何を大切にしているのかを意識することができます。

　価値観カードは、パブリック・ドメインとして無償で公開されています。それを日本語に翻訳し、以下のサイトで閲覧できるようにしました（https://www.ytakao.net/publication/download/ または、https://www.diamond.co.jp/books/117088/jobcra.pdf）。

　価値観カードを使ったワークもお勧めです。第4章で詳しく説明します。

　最後に、強みの発見に特化したものとして、ギャロップ社による「ストレングス・ファインダー」®を紹介します（トム・ラス『さあ、才能（じぶん）に目覚めよう 新版 ストレングス・ファインダー2.0』日本経済新聞出版社）。企業研修で体験された方もいらっしゃるでしょう。なお、個人で行う場合には上述の書籍を購入する必要があります。

　では、こうして見出した自己の強みと仕事をどのように関連付けていったらいいのでしょうか。

　医薬品メーカーでマネジャーとして活躍されているEさんの話を紹介しましょう。

「マネジャーになりたてで自分に自信を持てなかった頃に、会社の研修で『ストレングス・ファインダー』で自分の強みを診断しました。

そこで、5つの力のうち、人間関係力に多くの強みがあることがわかりました。その力をどう活かしていくかという観点から、自分のマネジメントスタイルを振り返り、チームメンバーの強みを知り、個々のメンバーの強みを活かすことを意識するようにしました。それがチーム運営やチーム編成に活かされ、チームの活性化にもつながったと思います」

⑤ 他の人に聞く

これまでに挙げたツールや方法は、自分だけで自分らしさを掘り下げるものでした。しかし、自分だから自分のことが最もよくわかると

図表2-13　ジョハリの窓

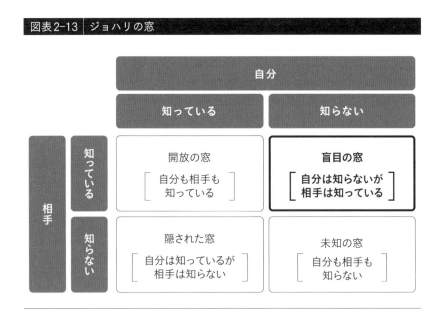

は限りません。その点を確認するために、対人関係論でよく知られている「ジョハリの窓」というフレームワークが役に立ちます。

そこでは、図表2-13のように自分自身に関して2つの軸を掛け合わせて4つの領域に分けます。縦軸は自分について他者がわかっているかどうか、横軸は自分自身がわかっているかどうかです。この図のポイントは、「他者はわかっているものの、自分自身はわかっていない」盲点の領域が存在することが指摘されていることです。こうした盲点の領域に、自分のひと匙のヒントがあるかもしれません。

盲点ですから、自分一人で探すのは難しいでしょう。現在または過去の同僚・上司、先輩・後輩、仕事以外で接点がある友人、家族や恩師などに、自分の強みや熱意を持って実行できていることなどを指摘してもらってはいかがでしょうか。自分のひと匙の見つけ方として有効です。その際のポイントは、あえて、ポジティブなフィードバックを探すことです。誰しも強みもあれば弱みもありますが、ジョブ・クラフティングに踏み出していく際には、欠点を補おうとするよりも、自分ならではの強みや情熱を活かしていく方がよりよいアイデアが出るものです。

すでに紹介した方法やツールで得た結果を、他の人からフィードバックを得るきっかけに用いることができます。たとえば、VIA-ISの診断結果を紹介して、それに関連する過去の自分の行動を挙げてもらうなどすれば、診断結果について確信を持てたり、自分がすっかり忘

れていた出来事に気づいて、VIA-ISの結果をこれからの行動に反映していくための気づきが得られたりするかもしれません。

　また、他の人がどのように自分のひと匙を見つけたのかを尋ねてみることも有効です。ライフキャリアという意味で自分よりも先を歩んでいる先輩の中で、自分らしさを活かしながら働いている人がいれば、その先輩が自分のひと匙をどのようにして見つけたのか、それをどのように仕事に注いでいるかを尋ねてみてはどうでしょうか。そこから、自分自身のひと匙やそれを活かすヒントが得られるかもしれません。なお、そのようなアクションを取ること自体も、小さなジョブ・クラフティングといえます。

第2章のまとめ

◉ 仕事は自分で変えられるという「ジョブ・クラフティング・マインドセット」を醸成することがジョブ・クラフティングの実践の第一歩につながります。

◉ 自分のひと匙を探すには、①過去の仕事経験、②現在の仕事、③越境体験、から考えてみることや、④自己認識のためのツールを使ってみること、⑤他の人に聞いてみるといった方法があります。

第 3 章

最初の一歩を踏み出し、習慣化を図る

　自分のひと匙が見つかったら、ジョブ・クラフティングを実践してみましょう。ポイントは、最初の一歩はあくまで小さく踏み出すことです。そのために役に立つ考え方や方法を紹介します。こうして、ジョブ・クラフティング・マインドセットを醸成させていきましょう。

　最初の一歩を踏み出したら、習慣化させていきましょう。そのアイデアや方法をいくつか紹介します。

1. ジョブ・クラフティングの第一歩を踏み出す

　業務クラフティング、関係性クラフティング、認知的クラフティングそれぞれについて、どのように始めたらいいか、そのヒントをお伝えします。やりやすいところから考えていきましょう。

1 業務クラフティング：自分で決められることから

　3種類のジョブ・クラフティングの中でも、具体的な中身やそれによる効果を最もイメージしやすいのは、仕事のやり方や内容を変える業務クラフティングでしょう。さまざまな業務の中から、自分で決められる範囲の中で自分の持ち味を活かしたり、自分がやりたいことを少しでも増やしたりするといいでしょう。

　もっとも今の仕事で自分のひと匙をどのように入れていったらいいか、具体化できない人もいるかもしれません。その場合は、自分が行動を起こすことで、ジョブ・クラフティングの手がかりを探していく方法があります。2つの方法を紹介します。

　1つ目は、取り組んでいく業務の順番を変えるという方法です。ジョブ・クラフティング概念の提唱者の一人であるエイミー・レズネスキー氏らが「ささやかなジョブ・クラフティング」の一つとして挙げています。出社したら（リモートワークならログインしたら）何から

着手するかは、何となくパターンができあがっている人が多いことでしょう。それを変えてみてはいかがでしょうか。

変える際には、効率性を意識しつつも、個々の業務が自分にとってどういうものなのかを考えていきます。いいかえれば、第1章で紹介した「個々の業務好き／嫌い」をうまく組み合わせていくということです。

好きな仕事や熱意を持って取り組める仕事に最初に取り組んで弾みを付けてから、面倒で嫌いな仕事に取り組むのか、逆に面倒くさい仕事を片付けてから、強みを発揮できる好きな仕事に意気揚々と取り組むのがよいのか、交互に組み合わせるのがよいのか、それはその人の好みと状況次第です。それだけでも、自分のモチベーションを自己調整する余地が生まれます。

最初は周りに影響しない範囲で、自分が進めていく仕事の段取りを小さく変えることから始めるといいでしょう。ポイントは、自分で自分のために変えることです。

2つ目の方法は、周囲を見渡して誰も手を付けていない雑用を、自分が無理なくこなせる範囲で積極的に引き受けてみることです。雑用に意識的に取り組むことで、自分が得意なことが見えてくるかもしれません。

映画「マイ・インターン」でネット通販会社にシニア・インターンとして入社するロバート・デ・ニーロ演じるベン・ウィテカーは、入

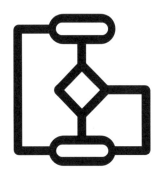

業務の順番を変える

その作業、私がやります

雑用を積極的に引き受ける

社直後は仕事がなく、手持ち無沙汰でした。彼は、積み上がった書類の整理、重いカートの運搬の手伝いなど、できる雑用を積極的にこなすことを通じて、徐々に周りの若い社員たちの信頼を勝ち得ていきました。このように、若手や中堅がやりたがらない雑用をこなすことで、周りの人たちからの見る目も変わり、彼らとの関係性が変化するきっかけになるかもしれません。

　繰り返しになりますが、業務クラフティングは小さく始めるのがポイントです。仕事の仕組みを大きく変えて、業務の効率性を著しく改善しようなどと意気込みすぎると、周りとの軋轢も大きくなったりして、かえって難しくなります。また、他者の目を意識しすぎることに

よって、仕事そのものに向かい合うというジョブ・クラフティングの姿勢を妨げることにもなりかねません。自分発で業務を変えたら自分がどう変わっていくかを経験してみるつもりで、肩に力が入りすぎないように心がけるとよいでしょう。また、自分が最も取り組みたいことを重視するより、一番取り組みやすそうなことから始めるのも大事なポイントです。

❷関係性クラフティング：近くからでも遠くからでも

第1章で紹介したように、関係性クラフティングは、人々との関係性の量や質を変化させることですが、ハードルの高さは性格によって、また相手によって変わってきます。したがって、最初はやりやすい相手から始めることを重視するとよいでしょう。

やりやすい相手から始めることを強調するために、ここではあえて、ハードルの高さの感じ方が人によってばらつく例を最初に挙げます。

シニア層では、これまで役職者として接してきた部下や後輩と、ポストオフ後に職務や役割などで対等な立場になることが起こったりします。そうした変化に応じて、周りの人たちとの接し方を変えていくことが関係性の再構築になります。いいかえれば、自分よりも若い人たちとの間で、階層や年齢に寄りかからないフラットな関係性をつくりあげていくことです。

その一歩としてよく取り上げられるのは、若い人たちの呼称を、「くん」から「さん」に変えることです。これも、他の人との関係性の質を変えようとする関係性クラフティングといえます。

これまで「○○くん」と親しげに呼んでいた後輩に対して、ある日突然、「○○さん」と呼びかけると、微妙な空気が流れるかもしれません。そんな反応を恐れて、なかなか吹っ切れない人もいることでしょう。

　そんな場合、やや遠い関係性から始めて自分を慣らしていく方法もあります。たとえば、今は身近にいなくて、最近は接点の少なくなっているかつての部下や後輩のところに話をしに行って、そこで「さん」付けで呼ぶことで慣れていくといったやり方です。最初は無理をしないで、とにかく始めるということが重要です。

　フラットな関係性の構築に向けた別の関係性クラフティングとして

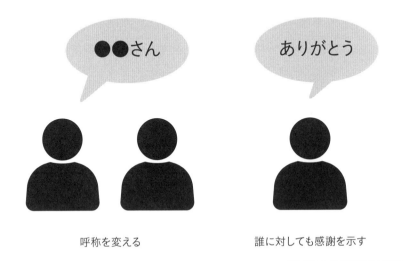

図表3-2 | 関係性クラフティング最初の一歩

●●さん

ありがとう

呼称を変える　　　　　　誰に対しても感謝を示す

は、「ありがとう」と感謝の気持ちを示すことが挙げられます。一つ一つの感謝の効果は小さいものの、関係性の質を変えることに役立ちます。とりわけ、高い役職に就いていた人やそうした地位にいることが長かった人たちは、何かをやってもらうことに慣れきっていることもあるでしょう。そうした場合には、「ありがとう」の一言が関係性の変化を生み出すきっかけになるかもしれません。

ポストオフを経験したFさんの話を紹介しましょう。

「役職を離れてからは、気持ちをちゃんと言葉に出すことを意識し、習慣にしています。たとえば、エレベーターに遅れて乗り込むときでも、『すいません』と言うのと、『ありがとうございます』とでは、その後にちょっとした会話が生まれたりするかどうかが変わってくるように感じています。さまざまなプレゼンテーションの機会でも、最初のスライドに感謝の言葉を入れるようにしています」

小さな変化であれ、自分主導で関係性を変えたという経験こそがジョブ・クラフティングの拡大につながります。

自分の強みや特徴を活かした業務クラフティングを持続的に行うには、周りの理解やサポートが必要になります。そうした周りの人たちからの理解やサポートを得るためにも、関係性の再構築は必要といえます。

関係性クラフティングには、身近な人たちとの関係性の質を変えるだけでなく、関係性を広げたり、増やしたりするものも含まれます。

たとえば、新しく職場に加わった人に自ら積極的に声をかけてみるというのも、関係性クラフティングです。また、すべての企業で機会があることではありませんが、組織内で上下関係が通用しないようなプロジェクトや勉強会に参加することも、関係性を広げるチャンスです。このように一歩踏み出した関係性から何かを発見したり、今まで見えなかったチャンスが生まれてきたりする可能性があります。

これまでの仕事経験で培ってきた人脈を掘り起こすことも、関係性クラフティングといえるでしょう。たとえば、密接なやり取りを通じて信頼関係を築いた昔の取引先の担当者と連絡を取ったり、かつて困難なプロジェクトを一緒に遂行した人たちとゆっくり話をする機会を持ったりすることなどが挙げられるでしょう。このような関係性クラフティングを通じて、業務クラフティングのきっかけになるかもしれません。ただし、過去の思い出に浸るのではなく、未来志向で話をすることを心がけるようにするといいでしょう。

3 認知的クラフティング：ミクロとマクロの視点から手がかりを探す

仕事の捉え方を変えるという認知的クラフティングは、業務クラフティングや関係性クラフティングのように、日頃から意識的に行うというものでないようにも思われます。むしろ、こうした仕事の捉え方についての気づきは、何かの折にふと思い付くことも少なくありません。そうしたときに、どこかに記録しておくことは重要です。それによって、自分の中に生じた仕事の捉え方の変化を意識することが、次

のジョブ・クラフティングのきっかけになっていきます。

　3種類のクラフティングは関連し合っているので、最初は業務クラフティング、関係性クラフティングを行っている中で認知的クラフティングは後で付いてくるというくらいでもよいでしょう。

　もっとも、認知的クラフティングについて考えてみることは、業務クラフティング、関係性クラフティングのきっかけにもなります。したがって、時折、仕事の捉え方のクラフティングのことを意識することは、他のクラフティングのきっかけとしても有効です。

　仕事の捉え方を内省してみる際には、身近なところに注目するミクロ視点と、仕事を俯瞰的に見るマクロ的視点という2つの方向から考えてみるとよいでしょう。

　ミクロ視点については、普段自分が接している範囲、いいかえれば顔がぱっと思い浮かぶ範囲で自分の仕事は誰の役に立っているのかを考えてみるということです。

　健康社会学者の河合薫氏は『HOPE 50歳はどこへ消えた』（プレジデント社）という著作の中で、「半径3メートル世界」が個人の幸福感に大きな影響を与えることを強調し、そこに注目することを推奨しています。「半径3メートル世界」とは、職場でいえば同じ部署の同僚や会議や打ち合わせなどでよく顔を合わせる社内外の人たちのことです。そうした身近な人たちに自分が何を提供しており、どのように

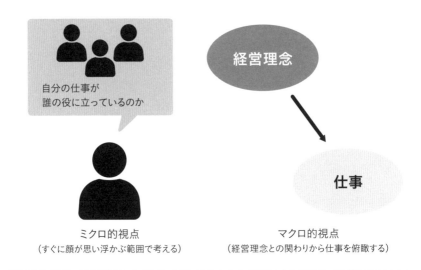

図表3-3 | 認知的クラフティング最初の一歩

自分の仕事が
誰の役に立っているのか

経営理念

仕事

ミクロ的視点
（すぐに顔が思い浮かぶ範囲で考える）

マクロ的視点
（経営理念との関わりから仕事を俯瞰する）

役に立っているかを考えることは、認知的クラフティングのきっかけになります。

　マクロ的視点についていえば、自分の仕事を俯瞰してみることです。最近流行しているパーパスというキーワードで考えてもいいですし、「ミッション・ビジョン・バリュー」といった経営理念から考えてもいいでしょう。これまで仕事経験を積み重ねてきたミドル・シニア層であれば、パーパスやミッションという目線から自分に与えられた仕事を俯瞰的に捉えて、それが部署や会社全体、または顧客などにとってどのような意味を持つかを理解できることでしょう。マクロ的な視点で現在の仕事を俯瞰的に捉えることは、認知的なクラフティングの

手がかりになります。

　食品メーカーの工場に勤めるＧさんの例を紹介しましょう。コロナ禍の緊急事態宣言下にもかかわらず出社しなければならなかったＧさんは、当初は「自分はついていない」と不満の気持ちがありました。ところが、一緒に働く仲間を見ているうちに、会社のミッションと自分の使命が結び付いたといいます。「『食を通じて人々の健康に貢献する』という会社のミッションは、まさに自分がやっていることだと気づかされました。お客様が必要とされているものをつくり、届けることが自分の使命である。青臭いと思われるかもしれませんが、そのとき、自分の仕事に使命感を覚えました」。マクロ的視点で、認知的クラフティングを実践したというわけです。

　ただ、自分の仕事を俯瞰する際に、注意すべきポイントがあります。それは、過去の自分の仕事や他の人の仕事と比較してはいけないということです。「以前の職場で働いていたときの方がもっと大きな貢献ができていた」、「同期は自分よりずっと活躍している」などという比較は無意識に行ってしまいがちですが、ここは視点を変えましょう。皆さんもそれぞれの持ち場で何らかの貢献をしています。そう考えた方がジョブ・クラフティングにつながり、新しいアイデアや仕事のやり方を発見できるかもしれません。

2. 拡張と縮小を組み合わせる

　これまでに紹介してきたジョブ・クラフティングは、仕事に工夫を加える、人間関係を広げるといった、「拡張する」方向性を持ったものがほとんどでした。こうした業務や人間関係、仕事に関する見方を広げるジョブ・クラフティングは「拡張的クラフティング」と称されることもあります。

　しかしながら、仕事や人間関係に関する変化は、拡張する方向だけでありません。自分が苦手なやりたくない仕事に時間をかけないようにする、相性の悪い相手を避けるようにするというのもジョブ・クラフティングの一種で、「縮小的クラフティング」と呼ばれています。ただし、これには、やり方を間違えると「面倒な仕事から逃げるちゃっかりした人」「気難しい人」など、周囲との軋轢を引き起こす可能性があるため、注意が必要です。

　拡張的クラフティングか縮小的クラフティングかは、どちらが良い、悪いという単純なものではなく、両者のバランスや組み合わせが重要です。また、置かれている環境によっても変わってきます。たとえば、新入社員の場合は、自分に合わないと感じた仕事でも、頑張って取り組むことで評価され、新しい仕事の機会につながり、成長実感が得られることが多々あります。この場合、縮小的クラフティングは避けたほうがいいでしょう。

　また、シニアの場合は、拡張的クラフティングと縮小的クラフティ

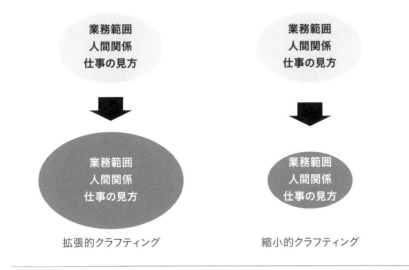

図表3-4 | 拡張的ジョブ・クラフティングと縮小的ジョブ・クラフティング

業務範囲
人間関係
仕事の見方

業務範囲
人間関係
仕事の見方

業務範囲
人間関係
仕事の見方

業務範囲
人間関係
仕事の見方

拡張的クラフティング　　　　　縮小的クラフティング

ングを組み合わせることが有効といえます。第6章でまとめて解説します。

3. 習慣化を図る

　ジョブ・クラフティングは一度やったらそれで終わりというものではなく、習慣化させていくことが大事です。なぜなら、習慣化することで、ジョブ・クラフティング・マインドセットの維持・強化につながるためです。では、どのようにして習慣化していったらいいでしょ

うか。5つの方法を紹介します。

1 ささやかな成功を大事にする

　第2章でも紹介しましたが、まず、ささやかな成功（small win）に
焦点を当て、自分が達成したささやかな成功を振り返ってみましょう。
他の人にはわからないかもしれないような小さな変化でかまいません。
ささやかな成功を自覚することで自己肯定感が高まり、ジョブ・クラ
フティング・マインドセットを強めていくことが習慣化に役立ちます。

　小さな変化の積み重ねが、大きな変化や成果につながるかもしれま
せん。さらに、小さな変化を考えることで、自分のひと匙の再発見、
さらには仕事の捉え方や自身のアイデンティティの変化という認知ク
ラフティングにつながることもあります。このように、ささやかな成
功を大事にしていくことは、ジョブ・クラフティングの習慣化につな
がっていきます。

2 目標テンプレートを利用する

　ジョブ・クラフティングの実践を支援するワークショップやコンサ
ルティングを行っているロブ・ベーカー氏は、著書の中で心理学・行
動科学の知見を踏まえて作成した、ジョブ・クラフティング実践のた
めの目標テンプレートを公開しています。[※1]

　そのテンプレートには、ジョブ・クラフティングの目標を開発し、
それを実行するために検討すべき6つの要素が挙げられています（図
表3–5）。

※1 『仕事における個人化：どのようにして人事部門はジョブ・クラフティングを用いて、パフ
　　ォーマンス、エンゲージメント、ウェルビーイングを高めるか』（原題： *Personalization at
　　Work:How HR Can Use Job Crafting to Drive Performance, Engagement and Wellbeing*）

第1の要素は目標です。ここでいう目標とは、できるだけ明確に行動に落とし込まれたものを指します。また、先ほど述べたように、目標は小さく設定します。たとえば、「誰かに感謝を伝える」ことを、図表3-6のように、「1日に1回、メールやチャット、電話、または直接会って、同僚に感謝の気持ちを伝える」といった具合です。

　第2の要素は、目標に取り組む意義です。これは、第1の要素の目標がなぜ大事なのかというWhyの質問に答えることです。自分のひと匙との関係を意識しながら、この質問に答えるとよいでしょう。

　第3の要素であるトリガーとは、具体的な行動のきっかけとなる引き金や合図のことです。目標のメモをデスクに貼り付けておくこともトリガーですし、図表3-6の例のように、自動的にリマインダーが届くようにすることも負担のかからない工夫です。

　第4の要素は障壁です。潜在的な障壁について想像をめぐらすことで、目標が現実的なものであるかどうかを検討することになりますし、目標の達成を阻むさまざまなハードルへの対策についても前もって考えることができます。

　第5の要素である報酬は、行動変容において必須の要素とされています。自分に快をもたらすものであればそれは報酬です。たとえば、コーヒーをいれる、休憩する、自分を褒める、SNSに触れる時間を取るなども、その人にとって意味があるものであれば報酬といえます。いいかえれば、ここでいう報酬は金銭的なものに限定されません。

　最後の要素は、説明相手です。後ほど取り上げますが、他の人を巻き込むことで行動の変化が継続しやすくなります。

目標	目標となる行動は何ですか？（なるべく小さく設定）
意義	なぜその目標があなたにとって大事なのですか？
トリガー	どのような引き金・合図があると行動を起こしやすくなりますか？
障壁	目標を阻むハードルとなるものは何ですか？
報酬	目標となる行動を起こすと、あなたはどのような報酬を得ますか？
説明相手	目標となる行動を起こしたことを、あなたは誰に話しますか？

図表3-6 | 目標テンプレートの利用例：感謝を伝える

要素	例
目標	1日に1回、メールやチャット、電話、または直接会って、同僚に感謝の気持ちを伝える
意義	同僚の貢献を評価しており、私たちがチームとして働いていることをよくわかっているから。また、他の人に感謝するのは気分がいいことだし、それによって他の人も気分が良くなる
トリガー	毎日 16:30 に感謝の言葉を送ることを思い出すようにリマインダーを設定する
障壁	感謝すべきことがない日もあれば、その機会がない日があるかもしれない
報酬	他の人に感謝を伝えることで、自分自身も気分が良くなることが私にとっての報酬になる
説明相手	パートナーと一緒に食事をしているときに、その日に感謝した人のことを話す

出所：Baker(2020)p.121をもとに一部改変

必ずしもすべての要素を埋められなくてもよいですが、このテンプレートを埋めようと試みることで、ジョブ・クラフティングの実践の習慣化についてじっくりと考えることができます。

3 その他の習慣化テクニック

　ジョブ・クラフティングの実践を習慣化していくために、その他にもさまざまな工夫をすることができます。ここでは、3つの工夫を取り上げます。

①始めるタイミングを選ぶ

　新しいことを始めるタイミングも、定着の影響を及ぼします。行動科学者であるケイティ・ミルクマン氏は『自分を変える方法』(ダイヤモンド社)の中で、定着を意図した新しい行動を始める際には「過去との決別を象徴するような日」に始めた方が達成率が高くなるといいます。これをフレッシュスタート効果と呼んでいます。

図表3-7 | フレッシュスタート効果

過去と決別し、
今日から始めるぞ！

過去との決別を象徴するような日
・誕生日、月初、週の初め(月曜日)
・年度の初め
・異動などの自身の変化
・上司の交代
・プロジェクトへのアサイン
など

フレッシュスタートの典型は「今年こそは…」という新年の決意（抱負）ですが、誕生日、月初、週の初め（月曜日）などでも効果があるとされています。仕事の関係でいえば、年度の初め、異動などの自分自身の変化、上司の交代、何らかのプロジェクトへのアサインなども「過去との決別を象徴するような日」とみなすことができるでしょう。自分が変わらないといけないと感じた出来事が何かあれば、自分の中でそれを節目として新しいことを始めていきましょう。

　なお、新年の決意（方法）は達成されないことが多いことがよく知られていますが、ミルクマン氏は「ゲームに参加しなければ、ホームランを打つことはできない」という返答をしています。何かを変えようとしなければ、何も変わらないということです。フレッシュスタートのタイミングで、まずはこれまでにやっていなかったジョブ・クラフティングを実践してみましょう。行動変容や実践の定着につながるかもしれません。

②記録を取る

　実践を始めてからは、記録を取ることがその行動の定着に役立ちます。記録を取ることが記録対象となった行動を強化する働きがあることは、セルフモニタリングに関する研究で確認されています。かなり前に一世を風靡した「レコーディング・ダイエット」という方法もそうした効果を利用したものです。

　日々の行動目標を達成したかどうかについての記録を取るための方法は、さまざまなものが開発されています。最近だとスマホのアプリ

などもたくさんあり、自分の好みや目標の内容や頻度に合ったものを選ぶとよいでしょう。もっとも、カレンダーや手帳などで、実践した日に×を付けるといったシンプルなもののほうがハードルは低いかもしれません。

　記録することで、自分が計画した通りに実行できているかどうかを振り返ることができます。思ったように実践できていなければ、それを反省して自分を叱咤激励するのではなく、どうやったらうまくできるか考えたり、トリガーを増やしたり変えてみる、継続的に実践できるようにハードルを下げてみる、などの改変を試みてみましょう。

　図表3-6で挙げた「1日に1回、メールやチャット、電話、または直接会って、同僚に感謝の気持ちを伝える」を目標に置いたものの、毎日記録してみたところ十分に実践できていないことが明らかになった場合の対処法を例に挙げてみます。「メールやチャット、電話、または直接会って」という目標となっていますが、最も反応がわかりやすい、直接会って感謝の気持ちを伝えるのがベストだと思っているこ

図表3-8 ｜ 記録を取る

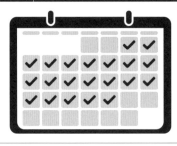

（例）カレンダーで実践した日に✓をつける

↓

・シンプルで実践しやすい

・これまでの実践を振り返ることができる

とで自らハードルを上げてしまっているかもしれません。その場合には、何かの連絡のついでに伝えれば十分だと考え直すことで、目標達成が容易になるかもしれません。また、仕事の状況などから1日に1回という目標が現実的ではないと思ったならば、1週間に3回などと目標を調整していけばいいでしょう。

　図表3–6のトリガーのようにリマインダーが夕方の16:30になっていると、タイミングを逸することがあるようなら、朝一番にリマインダーが届くようにするといった方法もあります。また、次に誰に感謝を伝えるのか考える手がかりとして、誰に感謝を伝えたか、名前を記録しておくといった工夫もできるかもしれません。

　このように記録を確認することによって継続できるように調整していくことは、習慣化に役立ちます。

③他者を巻き込む

　面倒だったり、かなりの努力が必要だったりする目標を立てた場合に、実行する前にその目標を他の人に宣言し、目標に向けて実行せざるをえないように自分を追い込むという方法はよくなされています。こうした手法は、自分を縛るという意味でのコミットメントの一種である事前コミットメント（precommitment）と名付けられて、その効果が検証されています。

　こうした効果を狙って、少しハードルが高めのジョブ・クラフティングを実践しようとする場合には、何をやろうとしているか自分が信頼できる人に事前に話すというのも、実践に踏み出すための一つの方

図表3-9 | 他者を巻き込む

事前コミットメント
実行する前に目標を他の人に宣言する

↓

目標に向けて実行せざるをえないように
自分を追い込む

法です。図表3-5の目標テンプレートに「説明相手」という項目があったように、習慣化のためには、自分のジョブ・クラフティング実践について誰かに定期的に説明することは効果的でしょう。

　ここまでに取り上げたジョブ・クラフティングの例はささやかなものが多く、すぐに始められそうです。しかし、ささやかなものであるからといって、簡単に継続できるわけではありません。小さなジョブ・クラフティングだとしても、それが習慣化するにはある程度の日数や回数が必要です。習慣化に関するさまざまな書籍においても、習慣としての定着には3〜4週間かかるという見解が一般的です。

　また、小さなジョブ・クラフティングから始めて、小さな変化を積み重ねていくことが、「自分で仕事やその環境を変えられる」というジョブ・クラフティング・マインドセットにつながります。すぐに効果が出なくても、焦らずに継続することが重要です。

第3章のまとめ

- ◎ ジョブ・クラフティングの最初の一歩を踏み出してみましょう。
  - ・業務クラフティングでは、自分で決められることから始めてみましょう。
  - ・関係性クラフティングでは、やりやすいところから始めてみましょう
  - ・認知的クラフティングでは、ミクロ的視点（身近な人など）とマクロ的視点（会社や社会など）から自分の仕事が役に立っているか考えてみましょう。

- ◎ ジョブ・クラフティングは拡張するだけではなく、縮小するものもあります。特にシニアの場合は、拡張的と縮小的クラフティングの組み合わせが有効です。

- ◎ ジョブ・クラフティングの習慣化を図るには、①ささやかな成功を大事にする、②目標テンプレートを利用する、③始めるタイミングを選ぶ、④記録を取る、⑤他者を巻き込む、といった方法があります。

業務全体を俯瞰する

　小さなジョブ・クラフティングの実践が習慣化し、自分起点で何かを変えていくというマインドセットが醸成されてきたら、次は業務全体を俯瞰し、ジョブ・クラフティングをいっそう実践できる余地や可能性を探していきます。自分の仕事を俯瞰した上で、得意な分野や好きな分野にシフトできるよう、業務を再構築していくわけです。

　その準備としてのエクササイズを紹介します。

1. ジョブ・クラフティング・エクササイズ™ とエネルギー・マッピング

　第4章で紹介する「ジョブ・エナジー・エクササイズ™」は、自分の持ち味（強み・興味・価値観）と業務を関連づけ、業務にかけるエネルギーを可視化し、ジョブ・クラフティングの方向性を探るものです。「ジョブ・クラフティング・エクササイズ™」「エネルギー・マッピング」という既存の2つの手法を組み合わせて、開発しました。理解を深めるために、まず、その元となった「ジョブ・クラフティング・エクササイズ™」「エネルギー・マッピング」の概要を紹介します。

■1 ジョブ・クラフティング・エクササイズ™

　ジョブ・クラフティング・エクササイズ™は、ジョブ・クラフティング概念の提唱者たちが開発したもので、Googleが採用したことでも知られています。商品として販売されているものですが、エクササイズの概要を紹介した公開情報があります。[※1] そこで、それらから知ることができる情報、さらに、それらを参考に、ビジネススクールの授業などで試行した経験をもとに、このエクササイズの概要を紹介します。

　このエクササイズでは、業務と自分のマッチングを再構成することが目的になっています。それに向けて、①業務の棚卸し、②自己の棚

※1　エイミー・レズネスキー、ジャスティン M.バーグ、ジェーン E. ダットン「『やらされ感』のある仕事をやりがいある仕事に変える ジョブ・クラフティング法」（『DIAMONDハーバード・ビジネス・レビュー』36（3), 2011, pp.58-66)

ステップ1	業務の棚卸し	担当している個々の業務ごとに、費やしている時間やエネルギーを視覚化する
ステップ2	自己の棚卸し	自分の持ち味(強み・興味・価値観)をリストアップする
ステップ3	業務と自分とのマッチングの再編成	自分の持ち味との関連付けが高まるように、仕事が再編成されたイメージ図を作成する
ステップ4	アクションプランへの落とし込み	実際の仕事をステップ3で作成したイメージに近づけていくために、なすべき行動を具体化する

出所：Berg et al. (2013)を参考に著者作成 ※2

卸しを行った上で、③業務と自分との新しいマッチングの再編成を行い、最後に④アクションプランへの落とし込みを行うというステップをたどります（図表4–1）。

ジョブ・クラフティング・エクササイズの良さは、図表4–2で示したように、自分の持ち味（強み・興味・価値観）と担当する業務を関連付けることで、「どんな業務に取り組むと、自分の持ち味を発揮しやすくなるのか」という視点でジョブ・クラフティングを計画できる点です。自分らしさの発揮を考慮することで、前向きにジョブ・クラフティングを検討できます。

※2 Berg, J. M., Dutton, J. E., & Wrzesniewski, A., "Job crafting and meaningful work," In B. J. Dik, Z. S. Byrne, & M. F. Steger (Eds.), *Purpose and Meaning in the Workplace* (pp. 81-104), American Psychological Association, 2013.

（例）人材開発部門マネジャー

ステップ1 業務の棚卸し

担当業務をリストアップして付箋に書き出す（付箋サイズが時間とエネルギーの
多少を表す）

多くの時間・エネルギーをかけている

新入社員研修の企画・運営	管理職研修の企画・運営	社員教育ツールの企画・開発	経営理念浸透プロジェクト事務局
全社研修の企画・運営	メンバー育成	人材開発施策の企画	エンゲージメント向上施策の企画
メンバーの労務管理	予算策定・管理	人材開発の課題発見	

少ししか時間・エネルギーをかけていない

ステップ2 自己の棚卸し

自分の持ち味（強み・興味・価値観）をリストアップし、付箋に書き出す
（ステップ1とは別色の付箋）

支援・応援	新たな挑戦	責任感	大局観	喜び

業務と自分とのマッチングの再編成

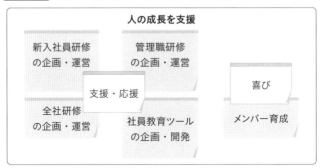

人の成長を支援

新入社員研修
の企画・運営

管理職研修
の企画・運営

支援・応援

喜び

全社研修
の企画・運営

社員教育ツール
の企画・開発

メンバー育成

組織と人の橋渡し

経営理念浸透
プロジェクト
事務局

エンゲージメント
向上施策の企画

新たな挑戦

高い視座、中長期的視野で課題解決

人材開発施策
の企画

人材開発の
課題発見

大局観

業務の付箋をグルーピングしなが
ら、自分の持ち味の付箋を関連付
け、各グループの役割を一言で表
現する

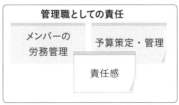

管理職としての責任

メンバーの
労務管理

予算策定・管理

責任感

アクションプランへの落とし込み

次の項目を具体的に書き出し、コミットする

①「業務の再編成」のイメージを現実のものにしていくために、手始めに取る
　アクション

②「業務の再編成」のイメージを現実のものにすることをサポートしてくれる人
　たち

③「業務の再編成」のイメージを現実のものにしていく際に直面する主な課題・
　障害への対処方略

ステップ1	業務の棚卸し	主要な業務を10〜15個程度リストアップするし、付箋に書き出す
ステップ2	台紙上に業務を配置	時間投入が多い／少ない、エネルギー（活力）を得られる／奪われるという2軸から、台紙上にリストアップした業務の付箋を配置する
ステップ3	ジョブ・クラフティングの対象を絞り込む	ジョブ・クラフティングの対象を絞り込み、その方法を考える。特に左上に配置されている業務と右下に配置されている業務に注目する

2 エネルギー・マッピング

　エネルギー・マッピングは、第3章で紹介した「目標テンプレート」を考案したロブ・ベーカー氏が考案した手法です。縦軸に時間、横軸にエネルギー（活力）を記入した台紙を用います。

　エネルギー・マッピングは、図表4–3のように3つのステップから構成されます。ステップ1で業務の棚卸しを行います。ステップ2では台紙上にそれらを配置し、ステップ3のジョブ・クラフティングの対象の絞り込みを行います。

　図表4–4で示したように、エネルギー・マッピングでは、左上に配置されている業務と右下に配置されている業務がジョブ・クラフティ

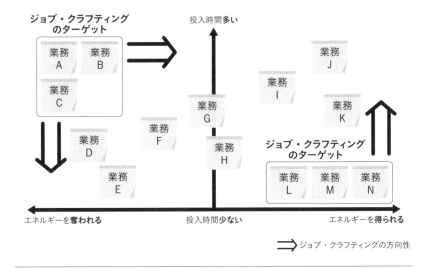

図表4-4 | エネルギー・マッピングのイメージ

ジョブ・クラフティング
のターゲット

投入時間**多い**

業務 A　業務 B

業務 C

業務 J

業務 I

業務 G

業務 K

業務 D

業務 F

業務 H

ジョブ・クラフティング
のターゲット

業務 E

業務 L　業務 M　業務 N

エネルギーを**奪われる**　　　投入時間**少ない**　　　エネルギーを**得られる**

ジョブ・クラフティングの方向性

ングのターゲットとして視覚的に明示されます。

　まずジョブ・クラフティングのメイン・ターゲットとなるのが左上の領域です。この領域に配されている業務は、多くの時間を費やしていると同時に心理的なエネルギーが奪われている状態です。この消耗を減らすためのジョブ・クラフティングを検討します。

　この領域のジョブ・クラフティングでは、①エネルギーを奪われている状態からエネルギーを得られる状態へ変化させる、②作業のムダなどを洗い出し、当該業務への投入時間を減らす、という2つの方向性が考えられます。

　①の方向性の実現のためには、当該業務の目的や価値をポジティブ

なものに捉え直す認知的クラフティングが不可欠です。たとえば、総務部門で大変な労力をかけて社内報を作成している割に、手ごたえをまったく感じられていない（エネルギーを奪われている）ケースで考えてみましょう。この場合、社内コミュニケーションの活性化への貢献などポジティブな目的・価値を見出すことで、社内報作成がエネルギーを得られる業務となります。また、ポジティブな認知を促すために、業務の中身を変える業務クラフティングや、人との関わり方を変える関係性クラフティングが必要となることもあるでしょう。社内報作成の例でいえば、社内報をきっかけに新たなコミュニティを立ち上げ（業務クラフティング）、そのコミュニティの輪を広げる（関係性

図表4-5 社内報作成のジョブ・クラフティング

社内報の作成

ジョブ・クラフティング

大変な労力をかけて作成している割に、手ごたえをまったく感じられていない

方向性①

**エネルギーを奪われている状態から
エネルギーを得られる状態へ変化させる**

社内報をきっかけに新たなコミュニティを立ち上げ（**業務クラフティング**）、そのコミュニティの輪を広げる（**関係性クラフティング**）ことが、社内コミュニケーションの活性化への貢献というポジティブな認知を促す（**認知的クラフティング**）

方向性②

**作業のムダなどを洗い出し、
当該業務への投入時間を減らす**

他の編集スタッフにも働きかけながら（**関係性クラフティング**）、会議の運営方法を見直す、会議以外での情報共有を充実させるなどの工夫（**業務クラフティング**）で、編集会議への投入時間を減らす

クラフティング）ことが、社内コミュニケーションの活性化への貢献というポジティブな認知を促すことになるかもしれません。

　一方、②の場合、当該業務への投入時間を減らす縮小的なジョブ・クラフティングの検討が中心となります。社内報作成の例でいえば、編集会議に必要以上の時間を要している場合、他の編集スタッフにも働きかけながら（関係性クラフティング）、会議の運営方法を見直す、会議以外での情報共有を充実させるなどの工夫（業務クラフティング）で、編集会議への投入時間を減らすといった取り組みです。

　次に右下の領域のジョブ・クラフティングを取り上げます。この領域には時間はあまりかけていないものの、それに従事することがエネルギーを生み出してくれるような業務が置かれています。したがって、これらの業務への投入時間をいかに増やすかを検討します。時間を増やすことが難しい場合には、他の業務からのしわ寄せを回避して、最低限の時間を確保するように工夫することもジョブ・クラフティングといえます。

　以上のように、エネルギー・マッピングを用いると、ジョブ・クラフティングのターゲット業務が視覚的に明示されると同時に、どのようにジョブ・クラフティングすべきかという方向性もイメージしやすくまります。

2.「ジョブ・エナジー」エクササイズ

　前節で述べたように、本書のために新たに開発したジョブ・クラフティングを計画するエクササイズ「ジョブ・エナジー」の実践方法を紹介します。

　ジョブ・エナジーは、自分の持ち味（強み・興味・価値観）と担当業務を関連付けるジョブ・クラフティング・エクササイズ™の利点と、どの業務を、どのようにジョブ・クラフティングするかを視覚的に把握できるエネルギー・マッピングの利点を取り入れたエクササイ

図表4-6　ジョブ・エナジーの準備物

①付箋（2色）

②筆記用具

③台紙

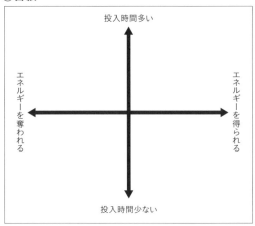

ズです。

❶ 準備するものと具体的な方法

エクササイズに使用するものは、付箋（2色）、台紙（模造紙、A3
コピー用紙など）、筆記用具です。台紙上には縦軸に投入時間（多い
／少ない）、横軸にエネルギー（奪われる／得られる）の4象限マト
リクスを描いてください。

PCを使うことも可能です。Microsoft PowerPointなどのスライド上

図表4-7	ジョブ・エナジーのステップ

ステップ 1	業務の棚卸し	主要な業務を10〜15個程度リストアップし、付箋に書き出す
ステップ 2	自己の棚卸し	自分の持ち味（強み・興味・価値観）を5つ程度リストアップし、業務とは別色の付箋に書き出す
ステップ 3	台紙上に業務を配置（業務の視覚化）	台紙上のマトリクス上にリストアップした業務の付箋を配置する
ステップ 4	業務と自分らしさとのマッチング	配置した各業務の付箋に自分の持ち味の付箋を関連付ける
ステップ 5	ジョブ・クラフティングの対象、方向性の明確化	ジョブ・クラフティングの対象を絞り込み、その方向性を考える。左上の象限、右下の象限に配置されている業務に注目する
ステップ 6	アクションプランへの落とし込み	ステップ5で明確にしたジョブ・クラフティングを実現するための具体的アクションを明らかにする

に4象限マトリクスを描き、付箋に相当するテキストボックスを配置できるようにしてください。

　ジョブ・エナジーは、図表4–7のような6つのステップをたどります。

２ ステップ1：業務の棚卸し

　エクササイズの各ステップを順番に説明していきます。最初のステップは、自分が担当する業務のリストアップです。全部で10〜15程度リストアップし、付箋に書き出しましょう。ここではカスタマーサ

| 図表4-8 | ステップ1：業務の棚卸しの具体的イメージ |

(例)Hさん(カスタマーサポート部門の部長、50代)の業務の棚卸し

戦略策定	新規サービスの企画	スタッフからの相談対応	スタッフの採用および契約更新
日常の業務管理	サポート情報の分析関係部門への報告	スタッフの労務管理	チームビルディング
業務改善	スタッフ指導	各種連絡会議	コストマネジメント

ービス部門の部長Hさん（50代）のエクササイズを想定して具体的イメージを示しておきます。

　Hさんは長らく商品企画の業務に従事してきましたが、1年前にカスタマーサポート部門の部長へ異動となりました。ここは、顧客からの問い合わせやクレームなどに対応する部門です。スタッフの多くは契約社員や派遣社員ですが、業務特性上、クレーム対応などでストレスを抱えやすく離職率も高いのが現状です。

3 ステップ2：自己の棚卸し

　エクササイズの第2のステップは、自分の持ち味（強み・興味・価

図表4-9 ステップ2：自己の棚卸しの具体的イメージ

（例）Hさん（カスタマーサポート部門の部長、50代）の自身の持ち味

責任感	誠実さ	人づくり

好奇心	挑戦

値観）のリストアップです。自らが認識する自己の強み・興味・価値観を５つ程度リストアップし、ステップ１で使用した付箋とは別色の付箋に書き出してください。

　ステップ１と同じように、カスタマーサービス部門の部長Ａさんを想定した具体的イメージを示しておきます。

　実際にエクササイズを実施すると、このステップで行き詰まり、うまく進まないケースがあります。自己の強み・興味・価値観のリストアップがイメージしづらい場合、第３章で紹介したVIA-IS、ストレングス・ファインダー®、価値観カードを用いるとよいでしょう。これらを用いたグループでの補助ワークを２つ紹介しておきます。

（補助ワーク１）強み特性発見の相互アシスト

　３〜４名で１組になり、順番に話し手になり（話し手以外は聞き手になり）、以下のワークに取り組むものです。

①　話し手は、これまでの仕事経験の中で、とてもポジティブに働けたとき、強い熱意を持って取り組めた仕事、高い充実感を感じた仕事を、聞き手に１〜２つ語る

②　その語りをもとに、聞き手は、話し手の「持ち味（強み・興味・価値観）」と感じたものを、VIA-ISの強みリスト、ストレングス・ファインダー®の34の強み特性などから２〜３つ程度選び、プレゼントする（リストにないものを贈ってもよい）

③　話し手は、贈られた強み特性を参考に、自分の持ち味（強み・興味・価値観）を改めて考え、書き出す

①話し手がエピソードを語る
・とてもポジティブに働けたとき
・強い熱意を持って取り組めた仕事
・高い充実感を感じた仕事

※聞き手は傾聴に加えて，話し手のその人らしさを引き出すような問いかけも行う

聞き手

②聞き手がプレゼントを贈る
エピソードに基づき、話し手の
持ち味・強みを書き出す

話し手

③自分の持ち味を改めて考え、書き出す
プレゼントを参考にする

聞き手

「プレゼント」のイメージ

〔　　　　　〕さん

私は、

_____

_____

_____

は、あなたの持ち味・強みだと思います。

（補助ワーク２）価値観カードを用いた自分の価値観の内省

　価値観カードを用いたワークです。第３章で紹介したように、価値観カードは、100枚のカードに異なる価値観が記載されています。

　この価値観カードを使って、以下の手順でグループワークを行います。

① 価値観カードを切り、一人５枚ずつ配る

② 残ったカードは価値観が書かれている面を伏せて、中央に配置する（「山」と呼ぶ）

③ カードを引く順番を決める

④ 自分の順番になったら、「山」または「テーブル上に捨てられたカード（他者が捨てたカードを含む）」からカードを１枚引く

⑤ 手元にある６枚のカードの中から、自分の価値観に一番遠いカードを捨てる。捨てるときには、価値観が書かれている面を伏せず、オープンにしてテーブル上に捨てる

⑥ 山のカードがなくなるまで④、⑤を繰り返す

⑦ 残ったカードの価値観を自分で記録する

⑧ 残ったカードを踏まえて、自身の持ち味を検討する

　個人ワークでもできますが、グループワークで他者と対話しながら取り組むことで自分らしさが鮮明になります。楽しみながら取り組めるワークなので、企業研修に組み込むことも可能です。

　以上、２つの補助ワークを紹介しましたが、補助ワークの内容を忠実に自分の持ち味に反映する必要はありません。腹落ち感があったも

山からカードを1枚引き、テーブル上に1枚捨てる
（カードをオープンにして捨てる）

山

山からカードを1枚引く
代わりに、他者が捨てた
カードを選んでもよい

最終的に自分の価値観に
近いカードが5枚手元に残る

（価値観カードのイメージ）

創造性
新しいものや
アイデアを創り出す

リーダーシップ
他の人たちを導き、
鼓舞する

自律性
自分で決定でき、
周りから独立している

勤勉さ
すべてに誠実かつ
徹底的に取り組む

自己受容
あるがままの自分を
受け容れる

のだけを採用してください。

◢ ステップ3：業務の視覚化

エクササイズの第3のステップでは、準備した台紙の4象限マトリクス上に、ステップ1でリストアップした業務の付箋を配置します。台紙のイメージが少し異なりますが、作業自体はエネルギー・マッピングの「ステップ2：台紙上に業務を配置」と基本的に同じです。台紙を4象限マトリクスにすることで、エネルギー・マッピング以上に、各業務の位置付けが視覚的に明らかになります。

投入時間の「多い／少ない」、エネルギーが「奪われる／得られる」という判断は、絶対的な基準ではなく、相対的な位置付けでかまいません。また、厳密に配置する必要はなく、4つの象限のどこに属するのかが把握できる程度の配置でかまいません。

ここでもカスタマーサービス部門の部長Hさんの例で具体的イメージを図表4–12に示しておきます。図表4–8でリストアップした12の業務の付箋を、台紙の4象限マトリクス上に配置したものです。

Hさんの場合、カスタマーサポート部門スタッフの離職率が高く、部長としていかに離職を防止するかという課題を強く意識しています。図表4–12からも、離職防止に関連する業務への投入時間が多いことが確認できます。その中でも「チームビルディング」についてはポジティブに取り組むことができているものの、「スタッフ指導」「スタッフからの相談対応」「スタッフの採用および契約更新」についてはエネルギーを消耗している状態です。

（例）Hさん（カスタマーサポート部門の部長、50代）の業務の視覚化

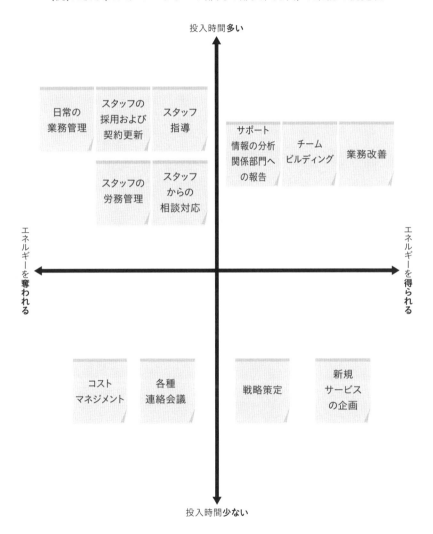

5 ステップ4：業務と自分らしさとのマッチング

エクササイズの第4のステップは、4象限マトリクス上に配置した業務の付箋に、ステップ2で書き出した自分の持ち味の付箋を関連付けます。

具体的な作業方法に関して、いくつか補足しておきます。

・同じ象限内であれば、ステップ3の状態から業務の付箋の位置を動かしてもかまわない

・関連付ける業務が各象限に分散する場合、自分の持ち味の付箋が1枚では足りなくなるので、同じ内容を書き出した付箋を追加する

・必ずしもすべての業務に自分の持ち味を関連付ける必要はなく、自分の持ち味との関連付けのない業務があってもかまわない。同じく、どの業務にも関連付けることができない自分の持ち味があってもかまわない

・業務によっては複数の自分の持ち味を関連付けてもかまわない

・象限内で同じ自分の持ち味の付箋を複数の業務に関連付けられる場合、グループ化するとわかりやすい

業務と自分の持ち味を関連付けることで、「この業務には自分のどのような持ち味が活かされているのか」「どんな業務に取り組むと、自分の持ち味を発揮しやすくなるのか」を検討しやすくなります。

具体例として図表4–12で示したカスタマーサービス部門の部長Hさんの業務の視覚化に、図表4–9で示したHさんの持ち味の付箋を関連付けたものを図表4–13に示しておきます。

前述のようにHさんはスタッフの離職防止という課題意識を持っ

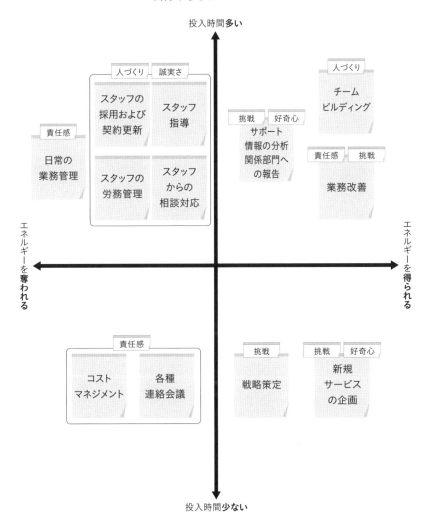

図表4-13 ステップ4：業務と自分らしさとのマッチングの具体的イメージ

（例）Hさん（カスタマーサポート部門の部長、50代）の業務と
自分らしさとのマッチング

投入時間**多い**

人づくり　誠実さ

スタッフの
採用および
契約更新

スタッフ
指導

責任感

日常の
業務管理

スタッフの
労務管理

スタッフ
からの
相談対応

挑戦　好奇心

サポート
情報の分析
関係部門へ
の報告

人づくり

チーム
ビルディング

責任感　挑戦

業務改善

エネルギーを**奪われる**

エネルギーを**得られる**

責任感

コスト
マネジメント

各種
連絡会議

挑戦

戦略策定

挑戦　好奇心

新規
サービス
の企画

投入時間**少ない**

ています。図表4–13を見ると、それに関連する業務が「人づくり」という自分らしさと結び付いていることを確認できます。ただし、現状では「人づくり」と関連しているにもかかわらず、エネルギーを奪われている業務も数多くあります。このあたりがジョブ・クラフティングの対象業務を絞り込む際のヒントになるかもしれません。一方で、Hさんがエネルギーを得られる業務は「挑戦」「好奇心」と結び付いているものが多くなっています。また、エネルギーが奪われるものであっても、部長という職位から生じる「責任感」がHさんの業務遂行を支えています。

6 ステップ5：方向性の明確化

　エクササイズの第5のステップは、ステップ4のアウトプットを踏まえて、ジョブ・クラフティングの対象業務を絞り込み、その方向性を検討するものです。

　ジョブ・クラフティング対象業務の絞り込みやジョブ・クラフティングの方向性は、図表4–14で示すように4象限のどこに属するかである程度判断できます。

　象限Aから順に解説します。まず象限Aに属する業務は、エネルギーが得られ、十分な投入時間を確保できている状態です。ジョブ・クラフティングをせずとも、自分にとって良い仕事経験ができる状態とも説明できます。したがって、象限Aに属する業務は現時点でジョブ・クラフティングの必要性は低いと判断できます。

　次いで象限Bと象限Cです。この2つの象限がジョブ・クラフティ

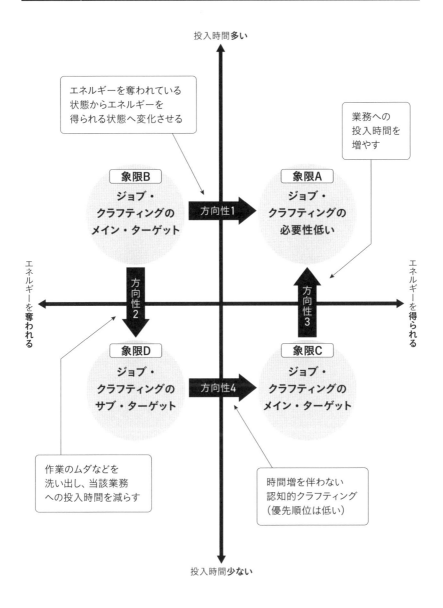

ングのメイン・ターゲットとなります。これらは前節で説明したエネルギー・マッピングにおけるジョブ・クラフティングのターゲットの考え方と同じです。ただし、これらの象限に属するすべての業務をジョブ・クラフティングの対象にする必要はありません。自分らしさと関連付けて、「どんな業務に取り組むと、自分の持ち味を発揮しやすくなるのか」という視点を踏まえて、対象業務を絞り込んでいきましょう。

象限Bに属する業務は、多くの時間を費やしているにもかかわらず、エネルギーが奪われている状態です。この消耗を減らすためのジョブ・クラフティングが必要となります。象限Bにおけるジョブ・クラフティングには、①エネルギーを奪われている状態からエネルギーを得られる状態へ変化させる（図表4-14の方向性1：象限Aへのシフト）、②作業のムダなどを洗い出し、当該業務への投入時間を減らす（図表4-14の方向性2：象限Dへのシフト）、という2つの方向性があります。これらの方向性もエネルギー・マッピングと同じ考え方です。

方向性1（象限Aへのシフト）については、対象業務の目的や価値をポジティブなものに捉え直す認知的クラフティングが不可欠です。また、ポジティブな認知を促すために、業務の中身を変える業務クラフティングや、人との関わり方を変える関係性クラフティングが必要となることもあります。一方、方向性2（象限Dへのシフト）については、当該業務への投入時間を減らす縮小的な業務クラフティングの検討が中心となります。

象限Cに属する業務は、時間はあまりかけていないものの、それに

ステップ5：ジョブ・クラフティングの対象、方向性の明確化の
具体的イメージ

（例）Hさん（カスタマーサポート部門の部長、50代）のジョブ・クラフティングの
対象業務、方向性の検討

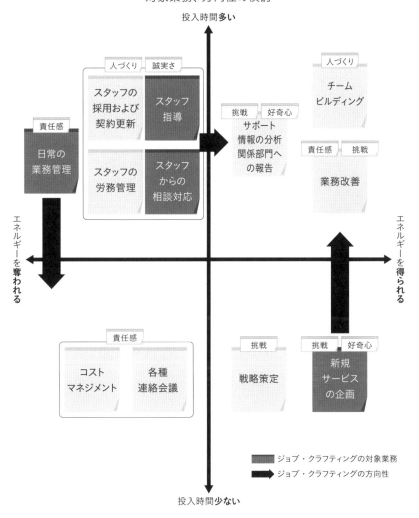

投入時間**多い**

人づくり　誠実さ
スタッフの採用および契約更新　スタッフ指導

人づくり
チームビルディング

責任感
日常の業務管理

挑戦　好奇心
サポート情報の分析関係部門への報告

責任感　挑戦
業務改善

スタッフの労務管理　スタッフからの相談対応

エネルギーを**奪われる**

エネルギーを**得られる**

責任感
コストマネジメント　各種連絡会議

挑戦
戦略策定

挑戦　好奇心
新規サービスの企画

投入時間**少ない**

ジョブ・クラフティングの対象業務
ジョブ・クラフティングの方向性

従事することがエネルギーを生み出すことにつながります。したがって、これらの業務への投入時間を増やすようなジョブ・クラフティングが望まれます（図表4–14の方向性3：象限Aへのシフト）。これもエネルギー・マッピングと同じ考え方です。

　最後に象限Dです。象限Dに属する業務は、時間はあまりかけていないものの、エネルギーを奪われている状態です。象限Bや象限Cと比較して、ジョブ・クラフティングのターゲットとしての優先度は低いといえます。しかしながら、自分の持ち味の発揮と結び付きそうな業務があれば、時間増を伴わない認知的クラフティングに取り組んでもよいかもしれません（図表4–14の方向性4：象限Cへのシフト）。

　ここまで象限間の移動という観点から説明してきましたが、象限間の移動ができなくても、象限内で良い方向性の移動ができればそれも意味があるジョブ・クラフティングです。

　ステップ5についても具体例を示します。図表4–13で示したカスタマーサービス部門の部長Hさんのアウトプットをベースにジョブ・クラフティングの対象業務、方向性を検討したものが図表4–15です。ジョブ・クラフティングの方向性の矢印は、わかりやすく解説するために付加しました。

　Hさんの場合、「スタッフ指導」「スタッフからの相談対応」「日常の業務管理」「新規サービスの企画」という4業務をジョブ・クラフティングの対象として絞り込みました。

　「スタッフ指導」「スタッフからの相談対応」はエネルギーを奪われている状態からエネルギーを得られる状態へ変化させるジョブ・クラ

| 図表4-16 | Hさんのジョブ・クラフティングの具体的な方向性 |

対象業務	具体的な方向性	説明
スタッフ指導 スタッフからの 相談対応	成長支援を 重視する （働きがいの向上）	スタッフ指導や相談対応を、「人づくり」という自分の持ち味と関連付けて、スタッフの成長を支援する機会と意味付ける（認知的クラフティング）。そうした認知に基づき、Hさんの指導方法やスタッフとの関わり方も変える（業務クラフティング、関係性クラフティング）。Hさんがジョブ・クラフティングすることで、スタッフの働きがいが向上し、離職率が低下することを目指す。
日常の 業務管理	管理の一部を 部下に任せる	Hさんの管理業務の一部を部下に任せる。管理を任せることは、Hさんの負荷軽減と同時に、部下の育成にもつながる。これは「人づくり」というHさんの持ち味に結び付くものであり、「スタッフ指導」等のジョブ・クラフティングにおける「成長支援の重視」という方向性とも合致する。
新規サービス の企画	日常業務の中に アイデア出しを 組み込む	新規サービスのアイデアは、サポート情報の分析や業務改善など日常業務の中にヒントが潜んでいることも多い。そこでアイデア出しを日常業務の中に組み込んでしまう（習慣化する）。具体的には日常業務の中で新規サービスのアイデアが思い浮かんだら、記憶ではなく必ず記録（メモ）するようにする。そうすることで、まとまった時間を割かずとも、新規サービス企画の時間を確保できるようになる。

フティングです。これは「人づくり」という自分の持ち味を関連付けることで、これらの業務をポジティブなものに捉え直すことができたため、このような方向性でのジョブ・クラフティングを計画しました。「日常の業務管理」については、当該業務への投入時間を減らす縮小的な業務クラフティングを中心に検討することにしました。反対に、「新規サービスの企画」は当該業務への投入時間を増やす方向性でのジョブ・クラフティングです。前述のように、Hさんの場合、エネルギーを得られる業務は「挑戦」「好奇心」という自分の持ち味と結び付いている傾向があります。「新規サービスの企画」も「挑戦」「好奇心」と関連付けられる業務です。

　さらにHさんのジョブ・クラフティングの方向性をもう少し具体化したものを図表4–16に示しておきます。

7 ステップ6：アクションプランへの落とし込み

　エクササイズの最後のステップは、ステップ5で明らかにしたジョブ・クラフティングの対象業務、方向性を具体的な行動（アクションプラン）へ落とし込むことです。ジョブ・クラフティング計画の実行性を高めるために、具体的な行動を決めておくことが大切です。

　アクションプランのフォーマットの一例を図表4–17に示しておきます。

　また、図表4–15および図表4–16で示したHさんのジョブ・クラフティングの対象業務、方向性をベースに、アクションプランの具体的イメージを図表4–18に示しておきます。

ジョブ・エナジーからのアクションプラン

1. 対象業務のジョブ・クラフティングを現実にするために取るアクションを記入してください。
　(a) 来週からすぐに始めるアクション

　　①＿＿＿＿＿＿＿＿＿＿＿＿＿＿＿＿＿＿＿＿＿＿＿＿＿＿＿＿＿＿＿＿＿

　　②＿＿＿＿＿＿＿＿＿＿＿＿＿＿＿＿＿＿＿＿＿＿＿＿＿＿＿＿＿＿＿＿＿

　　③＿＿＿＿＿＿＿＿＿＿＿＿＿＿＿＿＿＿＿＿＿＿＿＿＿＿＿＿＿＿＿＿＿

　(b) 3週間以内に始めるアクション

　　①＿＿＿＿＿＿＿＿＿＿＿＿＿＿＿＿＿＿＿＿＿＿＿＿＿＿＿＿＿＿＿＿＿

　　②＿＿＿＿＿＿＿＿＿＿＿＿＿＿＿＿＿＿＿＿＿＿＿＿＿＿＿＿＿＿＿＿＿

　　③＿＿＿＿＿＿＿＿＿＿＿＿＿＿＿＿＿＿＿＿＿＿＿＿＿＿＿＿＿＿＿＿＿

2. 計画したジョブ・クラフティングを実現する際に直面する主な課題や障害はどのようなものが考えられますか？

　　①＿＿＿＿＿＿＿＿＿＿＿＿＿＿＿＿＿＿＿＿＿＿＿＿＿＿＿＿＿＿＿＿＿

　　②＿＿＿＿＿＿＿＿＿＿＿＿＿＿＿＿＿＿＿＿＿＿＿＿＿＿＿＿＿＿＿＿＿

　　③＿＿＿＿＿＿＿＿＿＿＿＿＿＿＿＿＿＿＿＿＿＿＿＿＿＿＿＿＿＿＿＿＿

3. 計画したジョブ・クラフティングを実現するために誰に対してどんなサポートを求めますか？

　　①＿＿＿＿＿＿＿＿＿＿＿＿＿＿＿＿＿＿＿＿＿＿＿＿＿＿＿＿＿＿＿＿＿

　　②＿＿＿＿＿＿＿＿＿＿＿＿＿＿＿＿＿＿＿＿＿＿＿＿＿＿＿＿＿＿＿＿＿

　　③＿＿＿＿＿＿＿＿＿＿＿＿＿＿＿＿＿＿＿＿＿＿＿＿＿＿＿＿＿＿＿＿＿

※すべて埋めなくても結構です。

ジョブ・エナジーからのアクションプラン

1. 対象業務のジョブ・クラフティングを現実にするために取るアクションを記入してください。

 (a) 来週からすぐに始めるアクション

 ① 「スタッフ指導」について、業務がいかに会社全体に貢献しているかを提示し、スタッフのモチベーションの向上を図る

 ② 「日常の業務管理」について、管理の一部を部下に任せるような手順を考える

 ③ 「新規サービスの企画」について、日常業務の中でアイデアがないかを意識し、思い付いたらメモを残すようにする

 (b) 3週間以内に始めるアクション

 ① 「スタッフ指導」について、成長支援を目的とした1on1ミーティングを実施する

 ② 「日常の業務管理」について、部下に管理を任せられないか、面談する

 ③ 「新規サービスの企画」について、書き留めたメモを見返し考察する時間をつくる

2. 計画したジョブ・クラフティングを実現する際に直面する主な課題や障害はどのようなものが考えられますか？

 ① スタッフのモチベーションが低い

 ② 部下の業務チェックのために、さらに時間が取られる

 ③ アイデアを考える余裕がない

3. 計画したジョブ・クラフティングを実現するために誰に対してどんなサポートを求めますか？

 ① スタッフが業務をネガティブに捉えている場合、ポジティブな側面を提示する

 ②

 ③

※すべて埋めなくても結構です。

図表4–18のうち、1.（a）①のアクションがわかりづらいかもしれないので説明を補足しておきます。これは「スタッフ指導」「スタッフからの相談対応」に関するジョブ・クラフティング計画のアクションですが、Hさん自身がこれらの業務について「成長支援」というポジティブな意味付けを行う認知的クラフティングが基本となります。そうした認知的クラフティングを実施することで、Hさんの指導方法やスタッフとの関わり方も変わってきます。すなわち、業務クラフティングや関係性クラフティングが誘発されます。

　1.（a）①は、認知的クラフティングによって誘発される業務クラ

図表4-19　Hさんのアクションプランとジョブ・クラフティングの連鎖

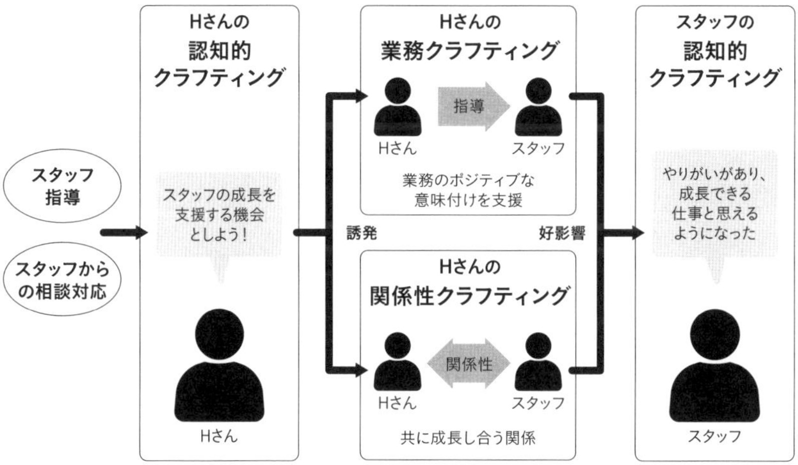

フティングに関するアクションを記述したものです。そこに書かれた
「業務がいかに会社全体に貢献しているかを提示し、（後略）」という
指導は、スタッフが業務をポジティブに意味付けることを支援するも
のです。これは言い換えると、スタッフのジョブ・クラフティング
（認知的クラフティング）を支援する指導といえます。すなわち、H
さんがジョブ・クラフティングを計画・実施することで、スタッフの
ジョブ・クラフティングを促すという、ジョブ・クラフティングの連
鎖をイメージしてください。

　このように、業務クラフティング、関係性クラフティング、認知的
クラフティングは密接に関係しており、上記のようにあるクラフティ
ングを実施することで、他のクラフティングが誘発されることがあり
ます。また、自分がジョブ・クラフティングを実施することが周囲に
好影響を及ぼし、ジョブ・クラフティングの連鎖を誘発する可能性も
あります。

　以上がジョブ・エナジーの一連の流れです。個人ワークとして取り
組んでもいいですし、グループで取り組み、相互にフィードバックし
ながらステップを進めていく方法もあります。

　こうしたエクササイズで時間をかけて順序立ててジョブ・クラフテ
ィングを検討することで、業務全体を俯瞰し、再編成するようなジョ
ブ・クラフティングを計画できるようになります。また、新しいジョ
ブ・クラフティングのアイデアを見出すことも期待できます。

第4章のまとめ

◉ ジョブ・クラフティングの実践をさらに進めていくために、お勧めしたいのが「ジョブ・エナジー・エクササイズ™」です。

◉ 自分の仕事の棚卸しを行った上で、時間投入量の大小、エネルギーが得られるか奪われるか、で4つの象限に分けて考えてみましょう。「エネルギーも時間も奪われる仕事を縮小することはできないか」「エネルギーが得られる仕事を拡張する方策はないか」などと俯瞰すると、ジョブ・クラフティングの対象が明確になるとともに、方向性も見えてくることがあります。

◉「ジョブ・エナジー・エクササイズ™」は、個人ワークのほか、研修に応用することもできます。

ジョブ・クラフティングを
継続・発展させる

　ジョブ・クラフティングを習慣化することの重要性はすでに述べた通りですが、本章では、ジョブ・クラフティングの実践を持続可能なものにするために考えるポイントや、第4章で実施した業務全体の俯瞰を踏まえてさらにジョブ・クラフティングの取り組みを発展させていく際の注意点について解説します。

1. 変化のときこそジョブ・クラフティング

　ジョブ・クラフティングによって、ポジティブな効果が生じれば、それで終わりということではありません。まず、ジョブ・クラフティングの習慣化を通じて、ジョブ・クラフティング・マインドセットが醸成され、さらに次のジョブ・クラフティングを構想していく。そんな好循環を生み出すのが理想です。

　仕事やプライベート、家庭など、環境が変わったことにより、ジョブ・クラフティングが必要になる場合もあるでしょう。これがジョブ・クラフティングのきっかけになることもあれば、ジョブ・クラフティングを見直すきっかけになることもあります。

　また、日本の組織ではつきものの人事異動によっても、仕事は変化します。企画職だった人が営業職になったり、営業第一線で働いていた人が営業担当を補佐する職種になったりするなど、時としてはショックを伴うこともあります。また、担当する職務や職種の変更といったヨコの異動だけでなく、ミドル・シニア層のポストオフなどのような、職責が変わるタテの異動もあるのが組織で働く人の現実でしょう。

　いずれの異動でも、仕事の内容や仕事で接する人たちが変わってきます。異動は新たなジョブ・クラフティングを始めるフレッシュスタートの機会にもなります。もっとも、新たな環境への適応にエネルギーを割くことになることを踏まえると、やはり最初は小さく始めるのがお勧めです。また、環境が大きく変化した場合には、業務自体を変

えるクラフティングよりも、人との関係性に関するクラフティングの方が着手しやすいでしょう。

さらに、長期的には仕事だけでなく、自分自身も変わっていきます。自身の業務内容や役職にあまり変化がなかったとしても、周囲の人の異動や昇進、退職といった変化は起こるでしょう。家族が増えたり、親の介護や自身の大病などの大きな環境変化によっても、仕事との関わり方が変わってきます。

ミドル・シニア層についていえば、加齢に伴う身体的・認知的変化に向き合う必要性も出てきます。このような変化のときこそ、ジョブ・クラフティングに取り組むことが有効なのです。

図表5-1 | 継続の必要性

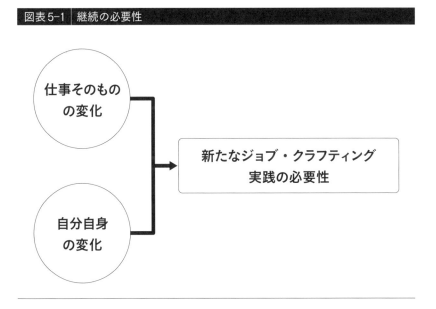

このように考えると、特定のジョブ・クラフティングを習慣化して継続するだけではなく、その時々の状況を踏まえて、新たなジョブ・クラフティングの実践を意識していくことが重要だと考えられます。

---

2. やりすぎに注意する

論語に由来する「過ぎたるはなお及ばざるがごとし」という格言があるように、ジョブ・クラフティングのように望ましい効果をもたらすことでも、やりすぎると逆効果になったり、副作用が生じたりすることがあります。

日本におけるジョブ・クラフティング研究を主導してきた一人である上智大学の森永雄太氏は、最近の研究でジョブ・クラフティングがもたらす過剰がある種の副作用をもたらし、持続可能性を低下させることを示しています。[1] そうした過剰は、①こだわり「すぎ」、②偏り「すぎ」、③抱え込み「すぎ」の3つの「すぎる」とわかりやすく表現され、それぞれがどのような副作用をもたらしうるかについて説明されています。

①のこだわり「すぎ」については、ジョブ・クラフティング実践者の熱意が高いあまり、働き「すぎ」につながってしまい、場合によっては健康を損なうリスクが生じるようなことです。自分のひと匙を活

※1　森永雄太「ジョブ・クラフティングを続けるための周囲の支援」高尾義明、森永雄太（編）『ジョブ・クラフティング：仕事の自律的再創造に向けた理論的・実践的アプローチ』（白桃書房、2023年）。

かせるような、熱意を持って取り組める仕事が見つかりそれに打ち込むことは、もちろん望ましいことです。しかし、それによって結果として働き「すぎ」になり、負担が過大になってしまうと、ジョブ・クラフティングが持続可能でなくなってしまいます。

②の偏り「すぎ」については、自分の価値観や好き嫌いを過度に仕事に反映しようとすることから問題が生じる可能性があることが指摘されています。具体的には、自分の価値観や好き嫌いに合わないものを受け入れなかったり、他の人からの意見を取り入れなくなったりすることです。

偏り「すぎ」によって、他の人の意見を取り入れて仕事の成果や生産性がいっそう向上する可能性が失われたり、他の人に対して頑なな態度を取ることで周りからの眼が厳しくなったりすることがあるかもしれません。たとえば、新規事業を探索するチームで、これまでの経験に基づいて事業が社内で完結することを重視する価値観に基づいてチームをけん引しようとすることは、他社との協業・連携の可能性を阻害したり、そうした可能性を模索しているメンバーとの衝突を招いてしまうかもしれません。

また、自身の知識・スキルの蓄積・向上などにもマイナスに働いたり、ジョブ・クラフティングの範囲をさらに広げることができるチャンスを見過ごしたりすることが起こりえます。

③の抱え込み「すぎ」は、組織内で期待される役割に関わってきます。ジョブ・クラフティングを実践し、自らの熱意や強み、こだわりを仕事に反映しているミドル・シニア層は、任されている仕事を高い

3つの「すぎる」に注意

働き「すぎ」　　　　好き嫌いを過度に反映　　　他者に任せない

こだわり「すぎ」

偏り「すぎ」　　　　　抱え込み「すぎ」

クオリティで完遂することについて好評価を得ていることも多いでしょう。その一方で、担当する仕事の出来栄えだけでなく、若手の育成や成長支援ということも期待されていることが少なくありません。

　そうした場合に、自らの思いを大事にしすぎると、部下や若手になかなか任せることができず、周りからは抱え込み「すぎ」とみなされることもあります。その結果として、自分の仕事については優れているけれども、全般的に高い評価を受けられないということも起こりえます。それは、長期的に見ると望ましいこととはいえないでしょう。自分のこだわりや強みをいかに発揮するかとともに、それをどう継承していくかという意識も求められるようになります。

ジョブ・クラフティングは、個人が自分の仕事経験をよりよいものにするために変化を生み出すことに意義があります。しかし、手ごたえがあるほど、やりすぎによる副作用が出てしまうことがあります。「過ぎたるはなお及ばざるがごとし」との格言に則って、ジョブ・クラフティングの実践に手ごたえがあるときほど、ほどほどのところでとどめておくのも大人の知恵といえるかもしれません。

3.　周りの理解を得る

　ジョブ・クラフティングは一人で行うものですが、その範囲や程度などを広げていけば、おのずと周りに影響を及ぼすことになります。そこで、ジョブ・クラフティングがチームや職場に及ぼす影響という面から、持続可能性を高める方策について取り上げます。

　ジョブ・クラフティングは自分発で変化を生み出すことなので、場合によっては周りから自分勝手やわがままと受け取られることが起こります。仕事内容の見直しが、一人よがりなものになってしまうと、周りの反発を招いたり、評価が下がったりして、ジョブ・クラフティングの実践を継続することが難しくなってしまいます。「良いわがまま」と周りから好意的に受け取ってもらうには、どのようなことに注意を払うべきなのか、主に業務クラフティングを想定しながら検討します。

❶ 他者への影響を配慮する

　注意を払うべき第1のポイントは、仕事の相互依存性への配慮です。会社や行政機関、医療機関といった組織のメンバーの一員として仕事をしているのであれば、ほとんどすべての仕事は自分一人だけで完結しません。近年、仕事を行っているプロセスで自分の仕事と他者の仕事がお互いに影響を与えることが増えています。それがここでいう相互依存性です。

　もちろん、お互いの依存の程度やあり方はさまざまです。自分の仕事が完結していることが他の人が仕事を始める前提になっていることもあれば、逆に他の人がやり終えた仕事の出来が自分の仕事の成果を大きく左右するということもあります。さらに、自分の仕事も相手の仕事も、それぞれが完結するプロセスでお互いに影響を与え合うといった高度な相互依存関係も、さまざまなプロジェクトではしばしば見られます。

　相互依存性が高い場合には、ジョブ・クラフティングを行って自分の仕事のやり方やアウトプットを変える際に、より慎重に行うことが求められます。なぜなら、自分の加えた変更が他者の仕事の遂行に対して影響を与えることが起こりやすいからです。その結果として、そうした影響を生み出したジョブ・クラフティングがネガティブなものとして、他の組織メンバーから受け取られることがありえます。したがって、「あの人が好き放題して、そのしわ寄せで自分の負担が重くなっている」と周りの人たちから思われないようにする配慮が求められます。

こうならないように…

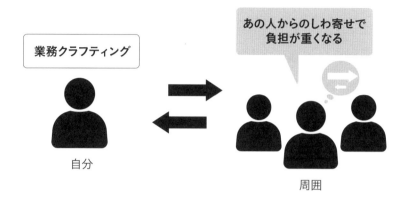

業務クラフティング

自分

あの人からのしわ寄せで
負担が重くなる

周囲

相互依存性が高い場合、他者へのネガティブな影響に配慮する

　業務クラフティングによって他者にネガティブな影響を生じること
を避けるためには、まず自分の仕事に関わる人たち（同僚や他部署、
顧客など）がどのようなことを自分の仕事に対して期待しているのか
をしっかり把握することが必要です。

　一定の水準のアウトプットが期待されているとすれば、そのアウト
プットを維持しつつ、自分のひと匙を入れられるような工夫を行うこ
とが求められます。他者からの期待は、仕事のアウトプットそのもの
に限られません。たとえば、どのようなタイミングで仕事を進めるか
といった仕事のプロセスに関することも含まれます。

他者の期待をちゃんと理解することは、職場や組織における自分の仕事の意味やインパクトの把握にもつながり、認知的クラフティングのきっかけになる可能性があります。

　また、自分の仕事に対する他者からの期待が変えられそうならば、ジョブ・クラフティングを行う前に変化や工夫の内容について話してみるとよいでしょう。そうした話し合いが、関係性クラフティングのきっかけになるかもしれません。

2 属人化・ブラックボックス化の回避

　仕事の相互依存性があまり高くなく、仕事のやり方にひと匙が加えやすい状況であったとしても、やはり周りを意識することが必要です。

　その理由の一つは、属人化についての懸念を周りに持たれる可能性があることです。自分のやり方にこだわってさまざまな工夫が積み重ねた結果、他の人にはできないような部分が大きくなってしまうと、何らかの事情で自分がその仕事を担当できないことが生じたときに、仕事が立ち行かなくなってしまいます。「余人をもって代えがたし」といわれるのは、その仕事を担っている個人としては誇らしく感じられますが、チームや組織にとっては必ずしも望ましいことではありません。そうした懸念を上司や同僚が持つことは、ジョブ・クラフティングの実践を積み重ねていくことを難しくするかもしれません。

　また、どういった目的で何に力を注いでいるのかが周りから見えに

くいと、それがチームや組織にプラスに働くことを意図したものであっても、自分勝手に仕事をしていると受け取られる可能性もあります。また、このようにブラックボックス化してしまうと、他の人が口出しできないようになってしまい、前述の偏り「すぎ」や抱え込み「すぎ」も生じやすくなります。

こうしたネガティブな事態を避けるためには、自分のひと匙を入れようとすることがスタンドプレイや単なるわがままではなく、他の人たちにとっても良い結果をもたらす変化であることを意図し、それを説明することが必要になります。いいかえれば、自分にとっても周り

図表5-4 | 属人化・ブラックボックス化の回避

こうならないように…

属人化・ブラックボックス化によって他人が担当・口出しできなくなる事態を回避する

にとっても Win-Win であるように、自分の強みや思いを発揮しよう
とすることが求められます。

　また、自分のこだわりを突然仕事に盛り込もうとするのではなく、
自分の価値観や仕事への思いを折に触れて話しておくといった自己開
示を日頃から行っておくと、周りからの理解も得やすいでしょう。そ
の意味では、周りの人たちとの関係性を変える関係性クラフティング
が先行していると、ブラックボックス化を回避しやすいといえます。

❸ 継承を意識する

　このようにジョブ・クラフティングの実践に当たっては、上司や同
僚などの周りの理解を得ることが重要になりますが、理解を得るため
の心がけは、自分が生み出した変化がどのようにすれば受け継がれる
かを意識するかどうかにあるといえます。

　自分の強みや価値観に基づいて仕事を変えていこうとする際に、最
終的な目標の一つを自分よりも若い世代の人たちに継承することに設
定すれば、一時的に周りに負担をかけるようなことでも、良い意味で
のわがままと受け取ってもらいやすくなります。また、そうした継承
を念頭に置けば、属人化やブラックボックス化が進むことも抑制され
ます。

　多くのミドル・シニア層が抱く、自分が築き上げてきたものを継承
したいという思いは、生涯発達心理学ではミドル・シニア層の発達課
題である「世代継承性」という観点から捉えられます。世代継承性の
原語は generativity という言葉ですが、生成（generation）と創造

世代継承性

次世代の価値を生み出す行為に積極的に
関わっていく
未来に続く価値を次世代に継承させる

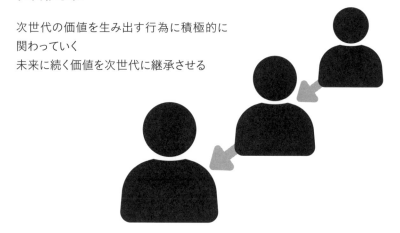

（creativity）が合成されたものであり、「次世代の価値を生み出す行
為に積極的に関わっていくこと」、「未来に続く価値を次世代に継承さ
せること」を意味しています。

　たとえば、医薬品業界で長年マネジャーとして働いてきたＩさんは、
これまでの経験を継承するために、新任管理職に対するマネジメント
研修を自主的に行っています。「これまでの恩返しのつもりでやって
いる」と、ご本人は語っておられました。岸田泰則氏の著作[※2]におい
ても、海外での新工場立ち上げの経験を伝え、後学のためになるよう文
書化を進めてきた事例が紹介されています。

※2　岸田泰則『シニアと職場をつなぐ：ジョブ・クラフティングの実践』（学文社、2022年）

もちろん、そうした継承がスムーズにいくとは限りません。自分が価値を見出している知識やスキル、考え方に対して、若い世代が同じように価値を見出すとは限らないからです。したがって、自分が大事だと思う考え方や知識・スキルが受け継がれることを強く期待し、押し付けようとすることはむしろ反発を招く可能性があります。

したがって、若い世代が直面している問題や課題を把握した上で、自分が継承しようとしているものが若い世代にとって価値があることを、押し付けがましくならないように伝達することを心がける必要があります。そのためには、普段からフラットな関係づくりが大事になってきます。

4. ジョブ・クラフティングの発展のための方策

ジョブ・クラフティングを今後のキャリアにも結び付けていくという観点から、その適用範囲の拡張を試みることも意味があります。そこで、本節では、そのための方策を3つ紹介します。

１他の人を巻き込む

最初に挙げるのは、他の人をジョブ・クラフティングに巻き込んでいくことです。それには、2つの方向性があります。

一つは、周りの人たちもそれぞれにジョブ・クラフティングを実践するような働きかけをすることを通じて、自らのジョブ・クラフティ

ングのヒントを得たり、熱意を維持したりするものです。

　自分のジョブ・クラフティング実践がうまく回っているのであれば、その体験を伝えることでジョブ・クラフティングの実践を他の人に勧めることもできます。もちろん、相手にとってお節介だと思われることもありえます。また、自分の実践に対してネガティブな反応をされて、熱意が下がったりしないように、勧める相手を選ぶことが大事です。

　自分の体験を話したり、勧めた相手の過去のジョブ・クラフティング経験を振り返ったりすることが自分の今後のジョブ・クラフティング実践のヒントになることもあります。

　マネジャーの立場にいるなど、職場で主導的な立場にあれば、第4章で紹介した「ジョブ・エナジー」エクササイズを職場でワークショップとして実践すれば、お互いの仕事の内容や負荷、取り組んでいきたいジョブ・クラフティングの内容をお互いに知ることができ、相互理解を高めるという意味でも大変有意義です。同時に、周りの人たちのジョブ・クラフティングの方向性を知ることができれば、自分自身のジョブ・クラフティングの幅も広がります。

　もう一つの方向性は、チーム単位でジョブ・クラフティングに取り組むことです。職場でのワークショップに少し似ていますが、これまでに述べてきたジョブ・クラフティングは、一人一人がジョブ・クラフティングを行う機会を促進するものでした。

　それに対してチーム単位でのジョブ・クラフティングとは、チーム全体で自分たちの強みや特徴、ニーズなどを反映するように、協同的

にチームの仕事を変えていくことです。ジョブ・クラフティング研究では、協同クラフティングやチーム・クラフティングと呼ばれています。

　個人のクラフティングよりも協同クラフティングの方が、取り上げる業務の幅も広がり、難易度が高いでしょうが、他のチームメンバーと一緒に取り組むことで効果も大きくなります。また、協同クラフティングの経験が、自分自身のクラフティングの幅や質にフィードバックされることもあるでしょう。

図表5-6 ┃ 他者をジョブ・クラフティングに巻き込む方法

自分の
ジョブ・クラフティング体験を
他者に伝え、勧める

チーム単位で
ジョブ・クラフティング
に取り組む

2 新しい知識やスキルを身に付けようとする

本書の冒頭で、ジョブ・クラフティングを自分のひと匙を加えるとたとえたように、すでに持っている自分の強みや価値観、情熱などを仕事に結び付けていくことがジョブ・クラフティングです。しかし、すでに持っている強みやこだわりなどをさらに仕事に盛り込んでいくために、これまでの経験の延長線上ではない、新たなスキルや知識を身に付けてみようとすることも、自分発であればジョブ・クラフティングと呼ぶことができます。

ジョブ・クラフティング研究では、自発的に新たな知識やスキルを身に付けようとすることはスキル・クラフティングと名付けられています。単純な知識の吸収という意味では、若手のように進まないかもしれませんが、ジョブ・クラフティングという観点でいえば、これまで学んだことのないスキルや知識の習得を始めるスキル・クラフティングにはいくつかの利点があります。

イノベーションとは要素の新結合であるといわれるように、これまでの経験と新しく学んだ知識が結び付く中で新たなアイデアが生まれてくるかもしれません。学びによって、これまでの経験で培われてきた自分のひと匙を活かせる幅を広げることができます。

また、新しい学びの過程が人との関係性を変えるヒントを提供することもあります。どのようなことを学ぶかにもよりますが、これまであまり経験がないことを学ぶ際には年下から教わることや、年下と対等な関係で一緒に学ぶことも少なくないでしょう。そうした経験を通じて、職場の若い人たちとの関係性を変えていく手がかりやヒントが

得られることもあります。

　さらに、新しいスキルや知識を学ぼうとすることは一つの挑戦であり、気持ちを若返らせるという効果もあります。大手サービス業の営業マネジャーから、自ら希望して高度な専門性を必要とする本社スタッフ部門に異動したJさんの言葉を紹介しましょう。「新たなフィールドで知識を吸収できていることが刺激的でした。知ったかぶりをせずに、当該分野の社外の専門家にわからないことを謙虚に質問できるようになり、自身の成長を実感しています」

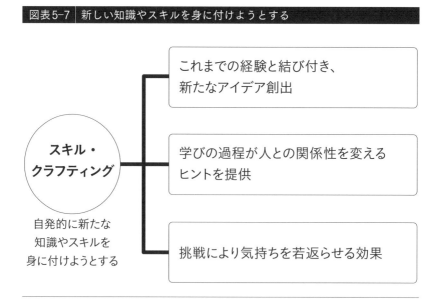

図表5-7 | 新しい知識やスキルを身に付けようとする

スキル・
クラフティング

自発的に新たな
知識やスキルを
身に付けようとする

これまでの経験と結び付き、
新たなアイデア創出

学びの過程が人との関係性を変える
ヒントを提供

挑戦により気持ちを若返らせる効果

なお、近年、DX（デジタル・トランスフォーメーション）とセットでリスキリングという言葉が提唱されていますが、ジョブ・クラフティングの幅を広げるという観点から言えば、DXにこだわる必要はありません。リスキリングとしてしばしば挙げられるような、データサイエンスや機械学習などについて学ぶことは、自分自身の仕事の幅を広げる可能性が高いですが、あくまで自分起点であることがジョブ・クラフティングの大原則です。スキル・クラフティングの際は、まず自分が関心を持てる対象について検討するのがよいでしょう。

3 越境を経験する

自分のひと匙を見つける方法の一つとして過去の越境経験を振り返ることを紹介しましたが、越境はジョブ・クラフティングの幅を広げることにも役立ちます。

図表5–8は、越境経験者に対して越境活動による変化を尋ねた結果を示しています。最も多くの回答者が挙げている変化は新しい人的ネットワークの獲得ですが、「新しいものの見方ができるようになった」という回答もその次に位置しています。このように、常識や文化の違う場や状況を経験することで、新しいものの見方に触れたり、自分の当たり前が疑う機会に直面したりすることで、ジョブ・クラフティングの幅が広がるということもあるでしょう。

また、上から5番目（自分の新しい一面を発見した）と6番目（自分のものの見方や仕事の進め方などの特徴が分かった）にあるように、

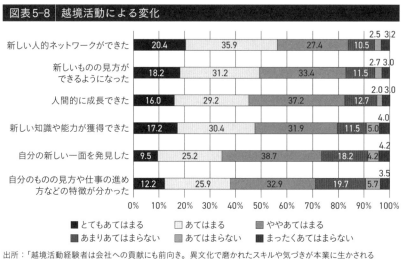

図表5-8 越境活動による変化

	とてもあてはまる	あてはまる	ややあてはまる	あまりあてはまらない	あてはまらない	まったくあてはまらない
新しい人的ネットワークができた	20.4	35.9	27.4	10.5	2.5	3.2
新しいものの見方ができるようになった	18.2	31.2	33.4	11.5	2.7	3.0
人間的に成長できた	16.0	29.2	37.2	12.7	2.0	3.0
新しい知識や能力が獲得できた	17.2	30.4	31.9	11.5	5.0	4.0
自分の新しい一面を発見した	9.5	25.2	38.7	18.2	4.2	4.2
自分のものの見方や仕事の進め方などの特徴が分かった	12.2	25.9	32.9	19.7	5.7	3.5

出所：「越境活動経験者は会社への貢献にも前向き。異文化で磨かれたスキルや気づきが本業に生かされる —401名の経験者の声を聞く、越境活動実態調査」（『RMS Message』44号、リクルートマネジメントソリューションズ、2016年）p.25より一部改変

自己の捉え直しにも役立つことがわかります。こうした変化は第2章で言及したように、自分のひと匙の発見に役立ち、ジョブ・クラフティングのきっかけとなりえます。

　すべての越境経験でこれらの変化を経験できるとは限りませんが、ジョブ・クラフティングの実践が自分の中で定着してきた頃に何らかの越境に踏み出すことで、さらなるジョブ・クラフティングのきっかけになったり、ジョブ・クラフティングを展開する幅の広がりに役立ちます。

　また、越境によって、自分のひと匙が活かせるかどうか試す機会が

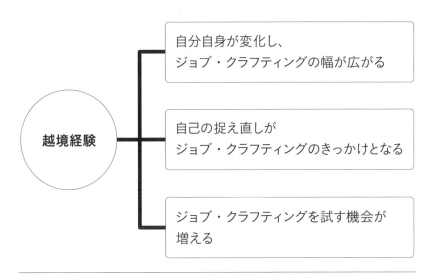

図表5-9 | 越境を経験する

越境経験

- 自分自身が変化し、ジョブ・クラフティングの幅が広がる
- 自己の捉え直しがジョブ・クラフティングのきっかけとなる
- ジョブ・クラフティングを試す機会が増える

増えることもあるかもしれません。たとえば、今の職場では活かしにくい自分の強みは、社内副業することで他の部署で活かす、自分の興味・関心をプロボノ（仕事のスキルを活かしたNPOの支援ボランティア）で追求する、いったことが考えられます。それが自らのキャリア展望の広がりをもたらす可能性もあります。

第5章のまとめ

- ◉ 変化に直面したときこそ、ジョブ・クラフティングのチャンスです。

- ◉ 異動や役職定年などで仕事そのものが変化したときは、フレッシュ・スタートの機会になります。環境が大きく変化したときには、業務よりも、人との関係性についてクラフティングの方がクラフティングに着手しやすいでしょう。

- ◉ シニア層については、親の介護や加齢による体力・気力の低下などで、仕事との関わり方が変わってきます。新たなジョブ・クラフティングの実践に取り組みましょう。

- ◉ ジョブ・クラフティングにはやりすぎは禁物です。業務の属人化につながらないように、受け継がれることを意識しましょう。周りの理解を得られるように、注意しましょう。

- ◉ ジョブ・クラフティングの展開に、他の人を巻き込んだり、新しい知識やスキルを身に付けたりするのは効果があります。

定年も見据えた
ジョブ・クラフティングの方策

　日本が少子高齢社会に入り、「人生100年時代」という言葉もしばしば耳にするようになりました。働き手不足が深刻化し、定年延長を実施する企業も出てくるようになりました。私たちのワークキャリアがこれまでにないほどに長くなったともいえるでしょう。

　本章では、ミドル・シニアが今後、直面する変化と、その現実を踏まえたジョブ・クラフティングの方法について、具体的に考察します。次に、定年後を視野に入れて、ワークキャリアおよび仕事に限定されないジョブ・クラフティングについて説明します。

1. 加齢による変化

■1体力・気力・能力の変化への適応

　多くのミドル・シニア層の人たちには、若かったときよりも体力や気力が低下したと実感した経験があるでしょう。リクルート・ワークス研究所のシニアの就労実態調査では、図表6–1のように、40歳を過ぎると、仕事で必要とされる体力・気力が低下したと感じる人の方が、向上したと感じる人よりも多くなります。

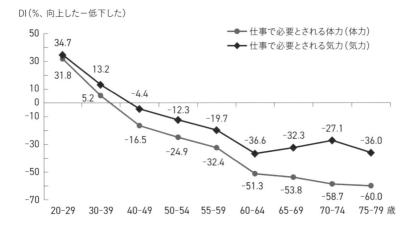

図表6-1 ｜ 体力・気力の変化

DI（%、向上した－低下した）

出所：リクルートワークス研究所「シニアの就労実態調査」

図表6-2 処理力、論理的思考力の変化

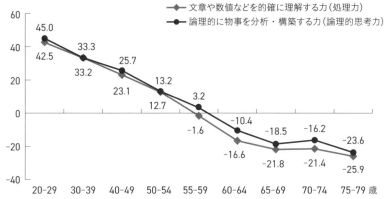

DI (%、向上した－低下した)

凡例:
- 文章や数値などを的確に理解する力(処理力)
- 論理的に物事を分析・構築する力(論理的思考力)

年齢	処理力	論理的思考力
20-29	42.5	45.0
30-39	33.2	33.3
40-49	23.1	25.7
50-54	12.7	13.2
55-59	-1.6	3.2
60-64	-16.6	-10.4
65-69	-21.8	-18.5
70-74	-21.4	-16.2
75-79	-25.9	-23.6

出所：リクルートワークス研究所「シニアの就労実態調査」

　また、同調査では、仕事に必要な能力についても調査していますが、多くのホワイトカラーの業務遂行で求められる処理力や論理的思考力については、60歳代を境に低下したと感じる人が増えていることも示しています（図表6–2）。

　もっとも、年を経るごとに、同じ世代間での個人差は大きくなってきます。したがって、「50歳を超えると…」といった年齢・世代で区切った一般論があてはめにくくなります。

　加齢による変化にどのように対応していったらいいのか。そのヒントとして、生涯発達心理学の研究領域の「サクセスフル・エイジング

（successful aging）」から、SOC理論（選択最適化補償理論）を紹介します。

　仕事において、人は目標を持ち、それを達成することでポジティブな感情や幸福を感じることができます。加齢によって能力などが失われていくと、これまでのように目標を達成できなくなっていきます。そうした状況に対する代表的な3つの適応方略を示したのがSOC理論（選択最適化補償理論）であり、その名前の通り、「選択」「最適化」「補償」がそれらの方略になります。

　まず、そうした能力などの喪失に対して、目標を特定の水準に絞ったり、その水準を下げたりするといった目標の選択を行います。そし

図表6-3 ｜ SOC理論（選択最適化補償理論）

SOC理論
加齢による
能力喪失への
適応方略

1. 選択
（目標を特定水準に絞る、その水準を下げる）

2. 最適化
（自分の持つさまざまな資源を最適化する）

3. 補償
（喪失を補う手段・方法を用いる）

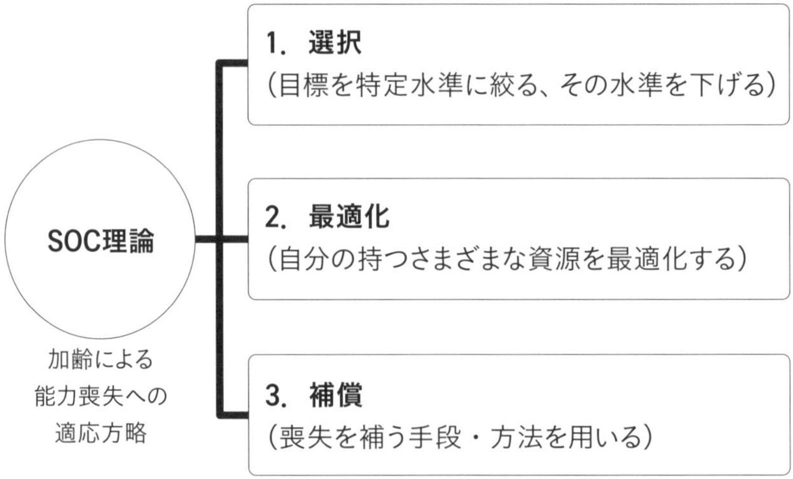

て、選択した目標の達成に向け、喪失を補う手段や方法を用いるという補償を行いつつ、自分の持つさまざまな資源、たとえば能力や時間などを最適化して活用することで目標を達成しようとします。このように、目標の選択・最適化・補償によって、人は加齢に伴う喪失に適応して目標を達成しようとしていると捉えるのがSOC理論です。

SOC理論の説明には、理論提唱者であるポール・バルテス氏が好んで用いた、往年の名ピアニスト、アルトゥール・ルービンシュタイン氏の晩年の事例が有名です。加齢のために以前のようには速いパッセージを弾きこなせなくなったことに対応して、彼は演奏曲を絞り込み（選択）、それらのレパートリーの練習機会を増やしました（最適化）。さらに、テンポを工夫し、速いパッセージの前を以前よりもゆっくり弾くというという方略（補償）を用いました。このように、選択・最適化・補償をうまく組み合わせることで、加齢による喪失への適応を図っていることが、これまでに確認されてきました。

洞察力、理解力などは、年齢とともに上昇するといわれ、すべての能力が加齢とともに低下するわけではないとはいえ、加齢によりさまざまな喪失に直面せざるをえないのが現実です。したがって、SOC理論で挙げられている選択・最適化・補償を意識的に行うことは、加齢による変化への適応を助けることに役立ちます。実際、ミドル・シニア層のジョブ・クラフティング研究でも、SOC理論が応用されています。

たとえば、仕事量を減らすことを「選択」したり、他者の助けを借りることで「補償」を行ったり、目標達成に必要なスキルを維持する

図表6-4 SOC理論の具体例

	往年の名ピアニスト アルトゥール・ルービンシュタイン	仕事への適用（ジョブ・クラフティング）
選択	演奏曲を絞り込む	仕事量を減らす
最適化	絞り込んだレパートリーの練習機会を増やす	目標達成に必要なスキルを維持することに時間を使う
補償	テンポを工夫し、速いパッセージの前を以前よりもゆっくり弾く	他者の助けを借りる

ことに時間を使ったりすることで「最適化」するといった具合です。

2 仕事の変化がもたらす課題とスキル・クラフティング

　ミドル・シニア層では、自身の能力がさほど低下していないと感じていても、業務に求められる知識やスキルが変化し、仕事が合わなくなっていることもあります。たとえば、かつての人脈を駆使した営業スタイルが、今では提案型営業が主流になってきたというケースなどです。ましてや、ポストオフにより賃金が減少していると、組織に貢献している実感もなくなり、周囲からの期待も感じられず、やる気が下がってしまうという人が少なくありません。他方、昨今、人手不足

を背景に定年延長の動きがあり、定年退職までの長い間、耐え忍ぶというのも厳しいでしょう。

だからこそ、自ら自身の変化に適応していくことが必要になります。それには新たな知識や能力を補っていくことが求められるでしょう。ただ、若年期に比べて、新たなスキル獲得には個人差が大きく、時間がかかるかもしれません。

ここにも、ジョブ・クラフティングが有効です。たとえば、関係性クラフティングを思い起こし、周りの若い人に虚心坦懐に尋ねたり、彼らから学んだりすることができれば、新たなスキル獲得のスピードも上がるでしょう。

また、ジョブ・クラフティング・マインドセットが確立していれば、能力についてのしなやか（成長）マインドセットも高まります。すなわち、人間の能力は努力や学習方法の工夫などによって変化し、成長しうると考えることができ、自発的に新たな知識やスキルを身に付けようとするスキル・クラフティングを後押しすることになります。また、スキル・クラフティングは、SOC理論がいう喪失を補う補償の手段を広げることにもつながります。

ミドル・シニア層におけるジョブ・クラフティングと成果の関係について、興味深いデータがあります。リクルート・マネジメントソリューションズがポストオフ経験者を対象に実施した調査によれば、ジョブ・クラフティングを実践している回答者の方がワーク・エンゲージメントが高く、個人としての幸福感も高いというのです。[※1]

※1　リクルート・マネジメントソリューションズ「マネジメントポストオフ経験に関する意識調査～ポストオフ・トランジションの促進要因　－50～64歳のポストオフ経験者766名への実態調査」（2021年）

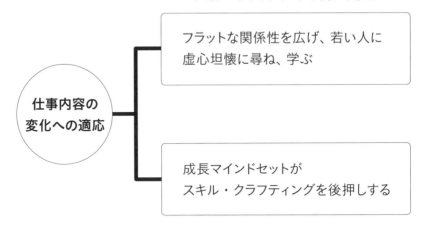

図表6-5 仕事の変化がもたらす課題とスキル・クラフティング

ジョブ・クラフティングが関わる余地

フラットな関係性を広げ、若い人に
虚心坦懐に尋ね、学ぶ

仕事内容の
変化への適応

成長マインドセットが
スキル・クラフティングを後押しする

　ただし、ポジティブな効果が出てくるのには時間もかかるというこ
とがわかりました。ポストオフ直後ではジョブ・クラフティングの実
践による影響がさほど見られなかったのに対して、1年以上を経た人
の間ではポジティブな影響が大きく見られたのです。

　定年後というさらに先のキャリアを見据えれば、仕事以外の新たな
スキルや知識が必要になるかもしれません。サクセスフル・エイジン
グには、スモールステップでよいので、自ら新たなことを学ぼうとい
う取り組みを意識することが欠かせないといえます。

2. 定年後を見据える

いうまでもなくミドル・シニアにとっての大きな節目は、定年です。定年以降のキャリアや仕事には、個人差が大きく見られます。加齢による生理的・精神的変化も違えば、親の介護などの家庭の事情や価値観にも大きく左右されます。定年以降は仕事から完全に離れるというキャリアを歩む人もいれば、働き続ける人もいます。もっとも、統計的には高齢期の就業率は高まっており、国勢調査によると2020年時点での70歳男性の就業率は45.7%に達しています（75歳でも28.7%）。

そこで、定年を迎えて、同じ会社で再雇用された場合と、違う職場でこれまで異なった仕事を行う場合を取り上げて、そこでのジョブ・クラフティングを取り上げることにします。それは、50代での今のジョブ・クラフティングの意義を再確認することにもつながります。

■1 定年後再雇用におけるジョブ・クラフティング

定年後に、これまで勤務してきた企業で、雇用形態が変わって再雇用されるという働き方は、おそらく身近な事例を知っておられるでしょう。また、多くの人たちが将来のキャリアの選択肢の一つとして漠然と想定していることも多いと思われます。そこで、定年後再雇用におけるジョブ・クラフティングについて最初に取り上げます。

シニア層のジョブ・クラフティング研究の第一人者である岸田泰則氏は、定年後再雇用で働いている人たちに対するインタビュー調査を

実施し、現役正社員の座を失ったことや役割が曖昧になったことに対して定年後再雇用者が適応を図りつつ、ジョブ・クラフティングを実践していることを明らかにしています。[※2]

その研究で明らかになった、定年後再雇用者のジョブ・クラフティングの特徴をいくつか紹介します。まず、業務クラフティングに関しては、現役時代と異なる新たな仕事にやりがいを見出し、現役世代がやっていない仕事を見つけたり、自らの判断で仕事の範囲や内容を決定するといったジョブ・クラフティングを実践した方がいました。もちろん、すべての再雇用者がそのような拡大的なジョブ・クラフティングを行っているわけではなく、自分の立場や雇用条件に合うように仕事量を減らすように調整するといった縮小的なジョブ・クラフティングの実践も見られます。

定年再雇用者にとって、最も特徴的なのは、現役世代との関わりに関する関係性クラフティングでしょう。年下上司に対する遠慮や現役世代から嫌われるのではないかという恐れから、現役世代に対して深入りしない距離感を保ったり、発言を自制したりすることがしばしば見られるといいます。これは、自ら周りの人たちとの関係性を変えようとする点で、関係性クラフティングといえます。世代や雇用形態で線引きがなされやすい日本的な職場の特性を反映したものといえるでしょう。

認知的クラフティングでは、新たな仕事に対してやりがいを感じる場合もあるものの、意に沿わない仕事に対しても割り切って従事しようとする姿勢の変化や、生活に占める仕事の比重を逓減させて自分の

※2 岸田泰則『シニアと職場をつなぐ：ジョブ・クラフティングの実践』（学文社、2023年）

ライフスタイルを大事にするといった変化があるでしょう。現役世代でも見られないわけではありませんが、定年後再雇用者において特に重要な意味を持つと考えられます。

　さらに、岸田氏も含む著者らの研究グループでは、上記のような知見を踏まえながら、定年後再雇用という雇用形態で働いている人たちを対象に、ジョブ・クラフティングとその成果に関する質問紙調査を実施して、その分析を行いました。その結果、程度の差はあれ、先に紹介したような特徴的なジョブ・クラフティングが多くの定年雇用者によって実践されていることが確認されました。さらに、現役世代がやっていない仕事を見つけようといった拡張的なジョブ・クラフティ

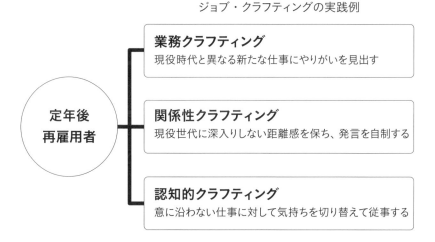

図表6-6│定年後再雇用におけるジョブ・クラフティング

ジョブ・クラフティングの実践例

定年後
再雇用者

業務クラフティング
現役時代と異なる新たな仕事にやりがいを見出す

関係性クラフティング
現役世代に深入りしない距離感を保ち、発言を自制する

認知的クラフティング
意に沿わない仕事に対して気持ちを切り替えて従事する

ングがワーク・エンゲージメントや個人としてのウェルビーイング（幸福感）などを高める一方、現役世代との関わりを減らすような関係性クラフティングは、やり方によってはワーク・エンゲージメントを低める可能性があるという結果が見出されました。[※3]

　同じ会社で働き続けることによって、以前から付き合いのある周りとの関係を再構築することが難しいという面がありますが、こうした変化を先取りしてフラットな関係づくりを心掛けていれば、そうした難しさを克服しやすいと考えられます。

　また、定年後再雇用という大きな変化に直面しつつも、現役がやっていない仕事を探そう、現役時代にやっていなかった仕事を始めてみようといった拡張的ジョブ・クラフティングを実践できるようなマインドセットを醸成していれば、仕事に前向きな姿勢を取ることができ、個人としてのウェルビーイング（幸福感）も高めることができます。このように、ジョブ・クラフティングの習慣化や展開を進めておくことは、定年後の働き方にも望ましい影響を持つといえるでしょう。

❷ 他の仕事への転身

　多くの企業では定年後再雇用にも65歳や70歳などでの一定の年齢の区切りがあります。また、さまざまな理由や事情から、定年後再雇用を選ばず、他のところで働くことを選ぶケースも決して少なくありません。その中には、他社でも通用する自分の強みを軸に働き続ける方もいます。たとえば、楠木新氏は『定年準備』（中公新書）の中で、会社員時代に発見した「もう一人の自分」を活かして転身したさまざ

※3　高尾義明、岸田泰則、藤澤理恵、石山恒貴「高齢雇用者のジョブ・クラフティング―定量的アプローチによる探索的検討―」（『経営行動科学学会第24回年次大会報告要旨集』2021年9月）

152

図表6-7　さまざまな転身例

メーカーの部長職	▶▶▶	美容師
生保会社の部長職	▶▶▶	保険分野の大学教授
総合商社の営業マン	▶▶▶	物書き
信用金庫支店長	▶▶▶	ユーモアコンサルタント
鉄鋼会社の社員	▶▶▶	蕎麦打ち職人
電気メーカーの管理職	▶▶▶	高校の校長
小学校教師	▶▶▶	市議会議員
損害保険会社の社員	▶▶▶	トマト農家
市役所の職員	▶▶▶	大道芸人
薬品会社の人事担当役員	▶▶▶	セミナー講師
石油会社の社員	▶▶▶	翻訳家
メーカーの営業マン	▶▶▶	墓石販売
通信会社の社員	▶▶▶	提灯職人
スーパーの社員	▶▶▶	NPOの職員
外資系企業の営業マン	▶▶▶	地元のNPOの常務理事
ゼネコンの社員	▶▶▶	社会保険労務士
広告会社のプランナー	▶▶▶	料理店のオーナー
市役所職員	▶▶▶	耳かき職人
製薬会社の営業マン	▶▶▶	釣具店のオーナー
放送会社の記者	▶▶▶	落語家

出所：楠木新『定年準備』(中公新書)p.42

まな例を挙げています。

　こうした転身は、自分のひと匙を発見し、新たなキャリアをつくり出した点から、ジョブ・クラフティングが結実した結果と考えることもできるでしょう。楠木氏自身も、中年期に病気で休業した後に、試行錯誤しながら会社員以外の「もう一人の自分」を探し、会社員としての勤務と仕事の経験をもとにした執筆という二足の草鞋を履くというキャリアを確立しました。楠木氏は、定年後も大学で教えたり、書籍を執筆し、講演を行うなど、自身の強みや持ち味を活かして活躍を続けています。

　このように、これまでの働き方の中で培った経験や知識・スキルを活用することで、働いている場や職種という意味では転身しつつ、自身が納得するキャリアを続けていくことは望ましいことです。また、副業などが以前よりも受け入れられるようになったことから、その可能性も高まっています。

　もちろん、他の人に語れるような一貫性を持って仕事を続けることだけが、シニアになってからの転身の選択肢ではありません。

　ここでは、「小さな仕事」や「現場仕事」をキーワードにして、定年後の働き方を統計データおよび事例から考察した坂本貴志氏の『ほんとうの定年後』（講談社現代新書）を参照しながら、あまり目を向けてこなかった高齢期の仕事のあり方を見てみることにします。

　そこで取り上げられている、「小さな仕事」とは、ホワイトカラーの人たちが現役時代に培った具体的なスキルや能力を活かして働くというものではありません。身近にありすぎるために自分自身の働き方

の選択肢として意識していないことも多い現場仕事に就くというものです。ここでいう現場仕事とは、たとえば、施設管理、販売、警備員といった仕事です。

同書では、統計データをもとに、シニア層における管理職や高度専門職、事務職一般のニーズが少ないことを確認し、現場仕事は誰にとっても無縁なものではなく、多くの人たちが人生のどこかでこうした仕事を通じて世の中に貢献していると述べています。

いわゆる現場仕事は、傍目から見るとこれまでに培ってきた専門性を活かせない仕事であり、年金以外の収入を得る糧として仕方なく仕事をしているように思えるかもしれません。しかし、その仕事に従事することで誰かの役に立っていることを実感し、現役世代のときに経験したような過大な仕事を抱えることによるストレスから解放されて働きがいを感じていることが少なくないことも、同書では示されています。

同書の後半では、7名の方の定年後の働き方の事例が紹介されています。その一つとして、自衛隊の最高位クラスの幹部を定年退職し、システム管理会社に移って、さらに65歳でその会社を退社した後、病院の女性看護師寮の管理人として働いている佐藤さん（75歳）の事例が取り上げられています。

週3日勤務の佐藤さんの具体的な仕事は、寮の出入管理、ゴミ出し、清掃、宅配物の取り次ぎ、施設の点検や不具合の発見などです。「これまでのように自分の能力をフルに活用する仕事ではない」が、体調の問題などもありこれくらいの仕事がちょうどよいと思いつつ、次の

ように生きがいを語っておられます。

「必ず次の配置に行ったら、今この配置で足りないものは何かを探しながらやっています。そういう部分が見つかったら、よし、ここは私の力でなんとかやってやろうという、それが私の生きがいです。今の仕事でも一緒です。あれをやっとけば環境が良くなるなとか、こんなことやったら看護師の方たちがもうちょっと住みやすくなるなとか。本当に細かいことなんですけども、自分なりに考えてプラスアルファの仕事を、決められたルーティンに加えて日々少しずつやっています」（同書、p.193）

これはまさにジョブ・クラフティングそのものであり、それを実践することで佐藤さんの生きがいを高めることにつながっています。こうした仕事に対する姿勢は、自衛隊時代の上官の薫陶をきっかけにして、自衛隊での現役時代に培われたことも紹介されています。

これまでに培った具体的なスキルや知識を活用できる仕事に就くことを理想的なキャリアと考えることはきっと多いでしょう。しかし、定年後に働く期間が長くなっており、その期間に仕事そのものもが変化していく中で、強みを活かした働き方のみで仕事人生を終えるということが難しくなっています。

一方で、佐藤さんのように、まったく異なる仕事でも、現役時代に培った仕事に対する姿勢やマインドセットを発揮することで、仕事から手ごたえを得られることは、就労期間が今後長くなることを踏まえると注目に値します。

ワークライフをいつまで継続するかは人によってさまざまであり、

70歳、さらにはそれを超えて働き続けることも十分ありえます。そうした就労の主目的は収入の確保であるにせよ、「小さな仕事」に意義を見出したり、手ごたえを感じることができれば、仕事は収入を得る手段以上のものとなり、「サクセスフル・エイジング」につながります。

「小さな仕事」に就く前までのミドル〜シニア前期にジョブ・クラフティング、とりわけ仕事の意味を見出す認知的ジョブ・クラフティングの実践を習慣化することが大事です。それが習慣化していれば、定年後も続く可能性がある職業人生の充実感に大きく影響することは間違いないでしょう。

3. 仕事以外でクラフティングする

ワークキャリアも終盤になると、たいていの場合、生活全体における仕事の比重が小さくなっていきます。そうなった場合でも、ジョブ・クラフティングの根幹にある、クラフティングという考え方や姿勢は意味を持ちます。

クラフティングとは、自分起点で変化を生み出しながら、物事の捉え方を変え、対象との関わり方を変えることです。このようにクラフティングを捉えるならば、変化させる対象は、仕事だけに限定されません。実は、（ジョブ・）クラフティング研究でも、仕事以外のさまざまな対象が取り上げられており、ここでは、それらを2種類に分け

て紹介します。それらを紹介するのは、そうしたクラフティングも意識することで、個人としてのウェルビーイング（幸福感）の維持・向上につながるからです。

❶ ウェルビーイング・クラフティング

　まず、仕事にも関係するものとして、ロブ・ベーカー氏の書籍で紹介されているウェルビーイング・クラフティングを紹介します。これは、心身の健康を促進するような活動を仕事時間に取り入れるというものです。

　ベーカーが挙げている例は、図表6–8のようなものです。

図表6-8　ウェルビーイング・クラフティングの例

意図的に定期的に休憩を取る

昼休みを利用して運動をする

1日1回はエレベーターではなく階段を使う

1対1のミーティングを歩いて行う

毎日、エレベーターではなく、階段を使う

週に一度、職場の最寄り駅の1つ前の駅で降りて職場まで歩く

(間食するのであれば)健康的な食品を持っていく

勤務時間外のメールチェックをやめる

出所：Baker(2020)p.95 [4]

※4　Baker, R., *Personalization at Work: How HR Can Use Job Crafting to Drive Performance, Engagement and Wellbeing*, Kogan Page Publishers, 2020.

こうした活動は、心身の健康の維持や促進に役立ち、誰にとっても意味があるものですが、体力や耐久力で勝る若年層よりも、ミドル・シニア層の方がその実践によって得られるものが多いと思われます。こうしたウェルビーイング・クラフティングで心身を良い状態に維持していることで、これまでに紹介したような仕事に直接関わるジョブ・クラフティングが促進されるという効果も期待できるでしょう。

　さらにいえば、こうした健康を増進するための活動は仕事外で取り入れることは可能ですし、有効です。たとえば、定期的に運動の機会をつくったり、近年流行している瞑想を取り入れてみることなどが挙げられます。自分に合ったウェルビーイング・クラフティングを見つけ、それを習慣化していってはいかがでしょうか。

❷クラフティングの仕事外への拡大

（ジョブ・）クラフティング研究では、仕事以外に、ホーム・クラフティングといった概念が提唱されてきます。ホーム・クラフティングの「ホーム」とはいわゆる家事だけに限定されず、仕事以外の「ライフ」全般を対象としたクラフティングです。

　クラフティングとは、自分起点で変化を生み出しながら、物事の捉え方を変え、対象との関わり方を変えることと捉えるならば、その対象を仕事以外、たとえば家事に向けることもできるでしょう。家事と仕事は、やらなければならないという意味では共通点があり、ジョブ・クラフティングの発想を家事に転用することは難しくないでしょう。また、レジャー・クラフティングという言葉も提唱されているよ

ジョブ・クラフティング

ホーム・クラフティング
（「ライフ」全般を対象）

さまざまな場面で自分らしさを大事に
しながら自ら動くことを心がけることが
ウェルビーイング（幸福感）を高める

うに、趣味や旅行といったさまざまな余暇活動においてもクラフティ
ングの発想で考えてみましょう。

　ミドル・シニア層にとって切実な問題として、介護があります。従
来の家事にうまく収まりきらないものですが、介護についてもクラフ
ティングを考えることで、自身のウェルビーイング（幸福感）を高め
る可能性は十分にあります。

　たとえば、業務クラフティングの発想をもとに、介護の方法を工夫
することができるかもしれませんし、関係性クラフティングによって、
ほかの人との関わり方を変えるというアプローチが可能な場合もあり
ます。介護は子育てと異なり、先行きが見通せないことが少なくあり

ませんが、その捉え方について、これまでの認知的クラフティングの経験が活かされることもあるはずです。

このように、仕事に限らずさまざまな場面で、無理がない範囲で、自分らしさを大事にしながら自ら動くことを心がけることが、ミドル・シニア層のウェルビーイング（幸福感）を高めることになると思います。

4. 対談 一田憲子 vs 高尾義明

仕事も人生も楽しくなる
自分のひと匙の入れ方

「自分のひと匙を入れる」という表現はジョブ・クラフティングのイメージをつかみやすいとして、本書でも紹介してきました。では編集者・ライターの一田憲子さんがこの言葉を生み出した背景にはどのようなことがあったのでしょうか。人生が下り坂に入ったからこそ見えてくるものは何か。同世代の2人が楽しく年齢を重ねる方法を語りました。

高尾 本日はお時間いただき、ありがとうございます。
「ジョブ・クラフティング」は、適当な訳語がなく、イメージがつかめるようなたとえを探していたときに、一田さんの『「私らしく」働くこと——自分らしく生きる「仕事のカタチ」のつくり方』に出会いました。「自分をひと匙入れる」という言葉、まさにジョブ・クラフティングなんですね。講演後、受講生からも「腹落ちした」とフィードバックをもらい、この本でも引用させていただきました。

一田 対談のお話をいただいたときには、もうびっくりしました。経営学の難しい話はわかりませんから。ジョブ・クラフティングというジャンルがあるのですね。

高尾 ジョブ・クラフティングは、働く人が仕事や職場の人間関係に「変化」を加えることによって、仕事のやりがいを高めていくものです。仕事への向き合い方といいましょうか、与えられた仕事をただ行うのではなく、主体的に自分のほうに引き寄せるという考え方です。大学病院の掃除スタッフの働き方を研究した論文がわかりやすいので紹介しますが、掃除スタッフの中には、決められた通りに掃除をするという人もいれば、患者さんや患者さんの家族のケアをしているという意識で仕事をしている人がいる。仕事の捉え方が違えば、仕事の仕方や向き合い方も大きく変わってきます。主体的に働いている人の方がやりがいを持って働いているわけです。

　そんな風に働くにはどうすればいいでしょうか。自分の持ち味を知

り、それを活かして働くということなのではないかと思います。

一田 そういえば、知り合いの出版社の編集長だった人が今、洋服のセレクトショップで働いています。それを聞いたときには驚いたのですが、もう本当に楽しそうに店頭に立っていらして。レジ打ちも、接客も、やったことがないことばかりで、勉強になることばかりなんだそうです。どんな職種かということより、その仕事に自分がどう関わるかが大事なんだなと改めて教えられました。本でもそのことを書きたかったのだと思います。

先生がジョブ・クラフティングを研究されるきっかけはどのようなことだったのですか。

高尾 強烈なきっかけがあったというよりは、じわじわ興味を持つようになったということでしょうか。もともと主体的に働くといったことには興味を持っており、いろいろな論文を読んできましたが、その中で、自分の持ち味を活かすといったジョブ・クラフティングが面白いと感じ、研究テーマの一つとなりました。

一田 先生は会社勤めもされていたそうですが、どうして研究の道に進まれたのですか。

高尾 大学を出て企業に就職したのですが、いざ働いてみると、組織は思うように動かないんですよ。当時は、現場と本社をつなぐような仕事だったんですが、現場発の大きなプロジェクトを本社に認めてもらえるように、組織を動かす必要があったのですが、これがなかなか大変でした。そんなこともあり、組織について本格的に学んでみたいと大学院に進み、そのまま研究者の道に進みました。

著書『人生後半、上手にくだる』を拝見しましたが、一田さんにもライターとしての下積み時代があったのですね。

一田 かけ出しの頃、フリーライターとして食べていくためには、好きなテーマだけを書いていればいいというわけではなく、面倒な仕事や細かい作業もいとわずにやらないといけなかったのです。ある日、いつもかっこいいページを担当しているカメラマンに「いつもいい仕事をされていていいですね。私なんかこんな細かい仕事ばっかりして」と愚痴ったことがありました。

そのときに言われたのです。「僕も楽しい仕事ばかりではないんだよ。でも、もうひとつ興味を持てないなあという仕事のときにも、何か一つ自分らしい提案をするようにしてきたかな。そうすれば、気が進まない仕事にも、少し『自分』というものを注入できる気がして」

なるほど！と思いました。そのときから、「自分も何か、一つ自分の考えを口に出すようにしてみよう」という意識に変わりました。収納特集なら、「自分でつくるシステム収納」というタイトルを思い付いて提案してみたり……。もちろん、すべてが通るというわけではないのですが、やらされ感がなくなり、楽しくなったんですよね。主体的に働くということはこういうことだったのか。これが私にとっての「ひと匙」の原体験になりました。

［高尾］ おっしゃる通りですね。主体的に働くと、ウェルビーイング（幸福感）が高まるという研究もあります。

●———下り坂には俯瞰できる良さがある
［高尾］ この本のテーマが「50代から」ということですので、そのあたりの話にしましょう。若いときは苦手なことでもやらないといけませんし、きちんとこなしていくことで組織の中でも認められていったと思うのですが、ある年齢になると限界が来ます。昇進が見込めなくなったり、役職定年という形でキャリアの上昇の終わりを宣告されたりします。

そういうときに、自分の強みを見つめ、それが発揮できるような時

間の使い方を変えるなど、強みを自己認知して仕事に向き合うと、やらされ感が変わってくると思うのです。もちろん仕事だから思い通りになるわけではないのですが。

一田　若いときは、できないことがあると、悔しさをエンジンにして頑張れたのですが、ずっと「できないこと」ばかりにフォーカスしていると、自分を消耗してしまう、と気づきました。そして、歳を重ねるにつれ、あれもこれもできなくていい、自分ができることはこれだけでいいと切り替える時期が来るんですよね。

　上り坂を上がっていけば、下りが来るということですが、それは悲しいことばかりではないと思います。いろいろな経験を積んできたがゆえに、ある分野である程度は自信が持てるようになるし、できないことはできる人に任せればいいと、手放すことができるようになります。自分で自分のやるべきことを決めるという選択肢を手にできるわけですから。

　それに、上りのときは空しか見えなかったけれども、下りになれば俯瞰できますよね。俯瞰してみるからこそわかることもあると思います。

高尾　「下りが悲しいことばかりではない」というのは、おっしゃる通りですね。みんなに褒められることを原動力にした生き方には、限界があります。体力的にも厳しくなってきますから。

　部長だった人が、役職定年で強制的にヒラ社員になる。そうなるの

は社内規定でわかっているはずなのに、何を準備したらいいかわからず、そのときになって急にあたふたするという例は多いと思います。本来は、50歳になる前など、早い段階でキャリア研修を行い、自分の今後に向き合ったうえで、下っていくのが理想でしょうね。

一田 定年になったらどうしよう、仕事がなくなったらどうしようという不安はあっても、定年を迎えたら受け入れるしかないわけです。だから、自分の力でコントロールできないことは、無理に抗おうとせず、「それもありだよね」と受け入れてしまった方がラクになります。

高尾 今のお話でいいなと思ったのは、いざ、定年などを迎えたりすると、明日、あるいは来月などと見える範囲で、考えていくとい

うところですね。仕事でも小さな達成感を味わうのって大事じゃない
ですか。

　一田さんは、著書の中で「小さく始めることが大事」ということを
書かれていますね。

一田　50代になってから、自身のウェブマガジン「外の音、内の
香」を立ち上げたときの話ですね。実は前向きなものではなくて、将
来、出版社からのオファーが来なくなったらどうしようという不安か
らできたものなのです。執筆の依頼がないときでも、自分のサイトを
持っていたら、「こういう面白いことがあってね」と書き続けること
ができます。おカネになるかどうかはわからないけど、とりあえず場
をつくっておこうと考えたのです。

高尾 いわゆる足場づくりですね。まずは小さく始めてみる。最初からあれもこれもと期待すると、失敗したらどうしようと動けなくなってしまいます。そういう小さな種まきをしていくと、何かにつながるかもしれませんね。

一田 下り坂の楽しみ方は人それぞれでいいのかもしれません。『大人のあした』という書籍で紹介したセレクトショップのご夫婦は、70歳でセミリタイアしたのを機に犬を飼い、犬との生活を楽しみながら、絵を描いたり、楽器を習ったりして楽しそうなのです。若い時からファッションの第一線で活躍し続けてきたご夫婦ですが、今は10年後や20年後を見据える必要がないのですから、明日を楽しく生きればいい。そんな姿が清々しくて、とても幸せそうでした。

　自分自身は決してポジティブな人間ではないのですが、下りの楽しみは学ぶことにあるなあと感じています。いくつになってもわからないことばかりです。「老いとは何か？」「夫にイライラしてしまうときに、ニコニコするにはどうすればいいか？」「幸せって何か？」などなど。自分に問いかけてみて、その答えを探す。答えは見つからなくても、そのプロセスをワクワクと楽しみたい……。若いときは、仕事に必要だからという発想になってしまいますが、今では面白そうかどうかで学ぶことを選べるのですから、楽しいですよね。

高尾 年齢を重ねて学ぶことに消極的になる人も少なくないかもしれませんが、学ぶということは年齢に関係なく、楽しめるものだと

思います。何かを知ったり、わからなかったことがわかるとか。定年後に新しい仕事をするときでも、「ここはこういうふうにやるのか」と学ぶことを楽しめるかどうかで、仕事を前向きに取り組めるようになるのではないかと思います。

　一田さんは、ライター塾というオンラインサロンをお始めになったそうですね。ご自身のライティング・スキルの継承ということでしょうか。

［一田］　いえいえ、そんな大それたものではありません。

　友人たちがお料理教室や生け花教室などの先生をしているので、ある集まりのときに、「教えて稼げるなんていいわね」と言ってみたのです。すると、「一田さんこそ、書くことを教えたらいいじゃないですか」と返ってきました。これまで考えたことがなかったのですが、書くことについて、自分はどのようなプロセスで、何を大事にしているのかなどと自問し、まとめてみました。

　その一方で、1冊丸ごと、書籍や雑誌の編集を請け負ったときの経験を思い出しました。自分一人ではできないので、若い人に仕事をお願いしてきました。原稿が上がってきたら、よく読み赤入れをしたりするのですが、「ここはこういう風にしてみたら」と指摘した後に出てきた原稿が格段に良くなっているのです。それがまた嬉しくて。しかも若手のライターさんたちは「とても勉強になりました」と喜んでくれました。

　こんな形ならできるかも？と、「ライター塾」を立ち上げたという

わけです。

高 尾 そうだったんですか。

一 田 さらに、ライター塾の卒業生が入るライター塾サロンというオンラインサロンを運営していて、そこでは、ワードプレスを使って、みんなが思ったことを投稿しています。いろいろな年代の方がいて、赤ちゃんを産んだばかりのお母さんが「〇〇がうまくいかない」と書くと、ベテランのお母さんが「大丈夫よ」とアドバイスをしたりとか。

　ベテランのお母さんは子育ての専門家でもなく、普通の人です。でもその経験が他の人から見ればすごいスキルになっているのです。「何もやってきていない」と思っている人が無意識にすごいスキルを蓄積しているということが発見であり、ライター塾ではそれを共有する場にもなっています。

高 尾　子育てを終えられた世代と子育て現役世代が、上下関係ではなく関われる場というのが貴重ですね。

　50代のジョブ・クラフティングでは、自分の経験とスキルを活かして、若手社員の相談相手になったり、会社員をしながら副業で地方自治体のコンサルティングを行ったりした事例があります。

●───得意なことに仕事のエネルギーをシフトさせる

高尾 50代になるとなお、仕事との向き合い方を見直すことが大事になってきます。仕事の棚卸しをした上で、得意なことは何かを正確につかむ。得意なことをしている方が仕事の成果も出やすいものです。

一言で営業といっても、お客様に説明するのは好きだけど、プレゼンテーション資料をつくるのは苦手とか、プロセスによって得意不得意がありますよね。できるだけ得意なことを伸ばすように工夫してみることを、いろいろな場で勧めています。たとえば、「説明は私がやりますから、資料をつくっていただけますか」と交渉するといった具合です。

一田 自分の得意なことに気づくのにいい方法はありますか。

高尾 そうですね。たとえば研修などでは、自分の充実していた経験を話してもらって、他の人が「あなたはこういうことをやりたいんですね」などと感じたことを述べることで、「自分はこういうことを大事にしているのだ」と再認識したり、自分では気づいていなかったことに気づいたりすることがあります。"言葉のギフト"というか、人と話すのも一つの方法なのでしょうね。

一田 ライター塾サロンでも「壁打ちの会」というのがあって、30分刻みで私が生徒さんと雑談をするというのをやっています。私

が興味を持ってその人のことを聞き、質問を投げかけます。それに対して答えてもらって、また質問です。「質問される」「自分の思いを言語化する」という体験が、深く自分のことを見つめる時間になったようです。「こんなふうに考えていたことに自分でも気づかなかった」と言われたこともあります。誰かとお茶を飲みに行くとか、話を聴いてもらうとか、そんな人と関わるということが必要なのでしょう。

高尾 雑談の中からぽろっと出た一言が、人を突き動かすきっかけや一押しになるということはよくありますね。

　最近、企業でも雑談が見直されており、上司と部下が定期的にミーティングする 1on1 を導入する企業が増えています。もっとも、信頼関係があるからこそいい雑談ができるのであって、そのあたりをはき違えるとただの進捗報告で終わってしまい、うまくいかないんですよ。

　ジョブ・クラフティングには、仕事だけでなく人間関係をちょっと変えてみるという関係性クラフティングというのがあるのですが、人と話すことはヒントとか何かが得られる機会になると思うのです。

一田 歳を取ると、自分の価値観が一番みたいに頑なになってしまうところがあるかもしれないんですが、学ぶという姿勢を持てば、何歳になっても自分を更新できるのかもしれません。若い人とであれ、年配の人とであれ。自分一人で考えていてもよくわからないことが、人と話しているうちに何かが見えてくるということがよくあります。『人生後半、上手にくだる』の書籍の中で、田口ランディさんの言葉

を引用したのですが、これがまさに私たちに必要なことではないかと思います。「私たちが、自分のなかにある、ふたつの対立するものを統合することが、世界に対する貢献である」

この「統合」という言葉に、アンテナがピピピッと反応しました。そうか、私はこれから先、今まで手に入れたものをあれこれと結び付けながら、「統合」していけばいいんだと。それなら、これ以上「もっともっと」と何かを獲得しなくても、すでに持っているものを合わせていけばどんどん可能性があると。

高尾　年齢と経験を重ねたシニアこそ、「統合」によって、新たなソリューションが生まれるかもしれませんね。

一田　最近、スタートアップ企業で、大企業の部長をしていたとかいうシニアの人を顧問に迎えたりする事例がありますよね。

高尾　シニアだからこそ持っている視点が欲しいということがあるのかもしれません。最近読んだ『モダンエルダー』（チップ・コンリー著、日経BP）という書籍でも、Airbnb（エアビーアンドビー）というスタートアップ企業に、ベテランのホテル経営者が入社したという話がありました。

一田　バブル入社組が50代後半になり、シニアの人が増えているわけですよね。企業はシニアに興味があるのですか。

高尾 　若い人が少なくなっているので、シニアを活用したいという企業のニーズは高まっていますね。少数ですが、定年制度を撤廃した企業もあります。その一方で、「働かないオジサン」問題も抱えており、シニアの活性化が喫緊の課題になっています。だからこそジョブ・クラフティングの考え方は必要とされていると期待しています。

　本日はありがとうございました。

一田 　ありがとうございました。私も楽しかったです。

いちだのりこ ────────

編集者・ライター。1964年生まれ。京都府生まれ、兵庫県育ち。OL、編集プロダクション勤務を経て、企画から編集、執筆までを手がける「暮らしのおへそ」「大人になったら着たい服」シリーズを立ち上げた。自身のサイト「外の音、内の香」も好評。著書は『歳をとるのはこわいこと？　60歳、今までとは違うメモリのものさしを持つ』（文藝春秋）、『人生後半、上手にくだる』（小学館）、『「私らしく」働くこと　自分らしく生きる「仕事のカタチ」のつくり方』（マイナビ）、『すべて話し方次第』（KADOKAWA）など。https://ichidanoriko.com/

第6章のまとめ

◉ ミドル・シニア層では、自身の変化や仕事の変化に向き合うことが多くなります。そうした変化への適応には、ジョブ・クラフティングが有効です。たとえば、ポストオフ経験者を対象にした調査で、ジョブ・クラフティングを行った人の方がワーク・エンゲージメントが高いという結果が出ています。

◉ 定年後再雇用や他の仕事への転身でもジョブ・クラフティングの実践が身に付いていることがプラスに働きます。また、仕事以外でもクラフティングを行うことが、ウェルビーイング（幸福感）を高めることにつながります。

第 7 章

職場や組織からのサポート

　本章ではこれまでと視点を変えて、ミドル・シニア層を部下に持っている方や、人事部門でミドル・シニア層にイキイキと働いてもらいたいと考えている方向けに、どのようにサポートしていったらいいのかをまとめました。

　ジョブ・クラフティングは本来自発的なものです。しかし、ミドル・シニア層がキャリアの節目を迎えて仕事とのミスフィットが拡大しているときには、ジョブ・クラフティングを促進するような支援を行うことは、長い目で見れば、当人自身の自発性の発揮によるキャリア形成に貢献するものとなります。

　第1節では、組織にとってジョブ・クラフティングを支援する意義を確認します。第2節では、ジョブ・クラフティングの実践を左右する一般的な要因を示します。第3節は、ミドル・シニア層に特化して、支援側である上司の心がけや課題などを紹介します。最後の第4節では、そうした上司の支援を実効的にするための組織側の支援について取り上げます。

1. 組織にとってジョブ・クラフティングを
   支援する意義

　ここで改めて、組織側の目線でミドル・シニア層のジョブ・クラフティングを支援する必要性を確認しておきたいと思います。

　第1章でジョブ・クラフティングの効果を取り上げましたが、ジョブ・クラフティングの実践によって、仕事とのフィット感を高め、働きがいを高めるという効果が期待されます。

　これは、働きがいを高めるという意味で、働く人自身にとってのメリットといえます。しかし、最近はウェルビーイング経営という言葉も広まりつつあるように、個人の働きがいを高めることが組織の課題としても認識されるようになっています。したがって、ジョブ・クラフティングを行い、働く人一人一人がいきいき働いていることは、組織全体にとっても有意義なことといえるでしょう。

　一人一人の働きがいを高めるという課題は、ミドル・シニア層に限らずすべての年齢層に関わるものですが、本書では以前にも増して課題として認識されるようになったミドル・シニア層の活性化と関連付けて取り上げてきました。もっとも、ミドル・シニア層の活性化という問題は、バブル期に大量に入社した社員がそうした年齢層になったから生じたわけではありません。

　多くの日本企業で見られるミドル・シニア層における職務─個人のミスフィットは、メンバーシップ型雇用のもとでの昇進システムと労

働人口の高齢化による歪みという構造的要因から生じています。したがって、ミドル・シニア層のジョブ・クラフティングの支援を通じてシニア層の活性化を図ることは、ここ数年間だけの課題というよりも、今後も重要な課題であり続けると考えるべきでしょう。

　経験豊富なミドル・シニア層には支援はさほど必要なく、自助努力に任せればよいという考え方もあるかもしれません。もちろん、ミドル・シニア層の中でキャリア・シフトに伴う仕事へのミスフィットを自分自身で解決していける人は少なくないでしょう。一定の年齢に達し、これまでの仕事の経験とは異なるキャリア・シフトや仕事との関わりの変化に戸惑いを感じているミドル・シニア層も多いのが現実で

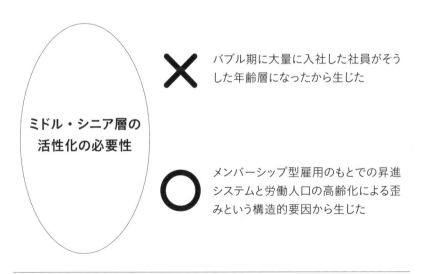

図表7-1 ┃ ミドル・シニア層の活性化

ミドル・シニア層の活性化の必要性

✕ バブル期に大量に入社した社員がそうした年齢層になったから生じた

◯ メンバーシップ型雇用のもとでの昇進システムと労働人口の高齢化による歪みという構造的要因から生じた

す。特に現在のミドル・シニア層は、現在よりもはるかに終身雇用的な考え方が強い時代を長く経験しており、その頃はキャリアも企業主導で決められていくのが一般的でした。そのため、自分のキャリアを自律的に考える習慣もありませんでした。

　ミドル・シニア層に限らず、部下がジョブ・クラフティングを通じて、自分の働きがいを自分で高めることができるように支援することは、今後多くの場面で上司に求められるスキルになると考えられます。

　その意味で、ジョブ・クラフティングの支援スキルは、リーダー層にとって重要なものとなり、リーダー層がそうしたスキルを高めていけるように組織として後押しすることも考えるべきではないかと思います。

　このように考えると、ミドル・シニア層が自らの働きがいを自ら高められるように職場や組織が支援していくことは、マネジメント側の目線から見ても重要だといえるでしょう。

2. ジョブ・クラフティングの実践を左右する　　要因

　本節からジョブ・クラフティングの支援について取り上げていきますが、最初に、ジョブ・クラフティングの実践に影響を与える要因について紹介します。これらの要因は特定の年齢層にかかわらずジョブ・クラフティングに影響を及ぼすため、ミドル・シニア層にも当然

当てはまります。

⒈業務の自律性の高さ

　ジョブ・クラフティングの実践に影響を与えるものとして、①業務の特性、②職場環境、③個人の特性が知られています。それぞれについて説明していきます。

　まず、業務の特性の中でも、特にジョブ・クラフティングの実践に影響を及ぼすのが業務の自律性です。業務の自律性とは、業務を担う人自身が仕事のやり方、スケジュールや段取りなどを決められる余地があることです。自由裁量が大きいと、自分なりの工夫ができる余地が広いことが多いため、業務クラフティングが行いやすくなります。

　したがって、ジョブ・クラフティングを促進しようとするならば、業務の自律性をどう高めるかが第一のカギとなります。逆に言えば、逐一細かな指示をするようなマイクロ・マネジメントは避けるべきです。

　もっとも自律性が低い業務だからといってジョブ・クラフティングがまったくできないわけではありません。第1章で取り上げた大学病院の掃除スタッフが従事しているのはマニュアルに従って行う自律性の低い業務であるものの、そうした仕事の中でもジョブ・クラフティングが行われていました。

　もちろん、どのくらい権限委譲（エンパワーメント）すればよいのかは業務やそれに従事する人などによって変わってきますが、当人が権限委譲されていると感じられるかどうかが大事なポイントです。

ミドル・シニア層で以前の仕事で大きな裁量を発揮していた経験がある場合には、過去と比較するのではなく、現在担当している仕事の範囲で、人が本来持っているとされる自律の欲求をいかに充足できるか考えてもらうように促す必要があります。そのためには、成果を上げたときにさらに任せる範囲を広げたり、裁量の余地を増やせるような柔軟な対応も求められるでしょう。

❷職場のサポート

　次に、ジョブ・クラフティングに影響を与える職場の特徴を取り上げます。ジョブ・クラフティングは、個人が自発的に行うものですが、周りの影響も受けやすいものです。なぜなら、人は、自分の行動に対する周りの人たちの反応を敏感に受け止めるからです。

　職場に関わる要因の中でジョブ・クラフティングに最も影響を与えるものとされているのは、上司や同僚といった周りからのサポートです。変化を起こした際に周りがサポートしてくれるような職場にいれば、自分もジョブ・クラフティングをやってみようという気持ちが高まります。

　なお、最近注目されている心理的安全性も、ジョブ・クラフティングを促進する効果を持つことが見出されています。心理的安全性とは、自分が無知である、無能であるとみなされるのではないかという対人的不安を感じずに率直に自分の意見をいえたり、質問できたりする職場風土のことです。

　ミドル・シニア層の場合には、異動などによってこれまで経験がな

かった役割に就いた場合に、対人的不安を感じやすいかもしれません。そうしたときでもその職場の心理的安全性が高ければ、慣れない環境でも少しずつジョブ・クラフティングを実践していけるでしょう。このような心理的安全性の醸成には、上司のふるまいがカギになります。

　上司が知らないことがあることを正直に話したり、失敗を責めるのではなく、そこから学ぶことを重視する姿勢を示すことが、心理的安全性の高い職場をつくり上げるために不可欠です。

❸ 個人の特性

　容易に想像できるように、ジョブ・クラフティングにどのくらい取り組むかは個人の特性に大きく左右されます。いいかえれば、同じ職場でほぼ同じような仕事をしていても、ジョブ・クラフティング実践の程度には個人差があります。特に、ミドル・シニア層においてはその差が大きいでしょう。

　しかし、そうした個人差の原因の一つである個人の特性も、長い目で見れば変化する余地があります。たとえば、ジョブ・クラフティングに影響を与えることが研究で明らかになっている個人の性格も、時間幅を長く取れば変化するといわれています。

　ここでは、第2章で取り上げたジョブ・クラフティング・マインドセットを再度取り上げたいと思います。「自分はジョブ・クラフティングを通じて、仕事を変えることができる」というのがジョブ・クラフティング・マインドセットですが、ささやかな成功（small win）を積み重ねていくことでジョブ・クラフティングが少しずつ高まると

考えられています。

　いいかえれば、小さなジョブ・クラフティングを行うことが、次の
ジョブ・クラフティング実践を導くということになります。したがっ
て、上司や組織は、最初の一歩を踏み出せるように、この後紹介して
いくような支援を提供することが重要です。

　そこから生まれる好循環がジョブ・クラフティング・マインドセッ
トを徐々に高めていくことが期待できるためです。

　ジョブ・クラフティングについても個人差は存在し、ジョブ・クラ
フティングの実践が急増するといった短期的な変化は難しかったり、
変化したとしてもその幅は小さいかもしれませんが、少しずつ変化す
ることで好循環につなげられることは心に留めておいていただければ
と思います。

3. ミドル・シニア層への上司の支援

　次にミドル・シニア層に対象を絞り、ミドル・シニア層に特に必要な支援のあり方を検討します。上司の立場から支援の必要性を確認した上で、1対1を想定した直接的な支援をまず取り上げ、その後、職場環境を整えるという間接的な支援について言及します。

■1 上司が支援する必要性

　ミドル・シニア層に対する上司のマネジメントは、放置型になることが少なくありません。放置型のマネジメントとは、ミドル・シニア層の仕事やそれに向き合う姿勢を本人任せにして、上司が関わらないようにするというもので、とりわけ、年齢層が高い年上の部下に対して取られがちです。

　その背景には、3つの理由があると考えられます。①上司が忙しいこと、②仕事経験の浅い若年層ならいざ知らず、経験豊富なミドル・シニア層なら自分で解決できると考え、支援は必要がないと考えがちであること、③そもそも支援が容易ではないことです。

　①については、マネジャーがなすべき仕事は年々増えており、プレーイング・マネジャー化も進んでいる中で、ミドル・シニア層の支援になかなか時間を割くことができないというのが、多くの上司が置かれている状況だと思われます。しかし、ミドル・シニア層をどう活性化するかという問題は、労働人口が減少している中、長期的な課題で

す。すなわち、職場の活性化のためにマネジャーとして取り組むべき課題であり、ミドル・シニア層をいかにサポートするかというスキルがますます求められるようになります。したがって、ミドル・シニア層に対するサポートについては、長期的な課題という視点から、小さいところから始めることが重要です。ジョブ・クラフティングの実践で見てきたように、最初から大きな変化を求めず、小さく始める方が持続可能性が高く、結果としての効果を発揮することになるでしょう。

　②については、ミドル・シニア層なら自分でできるだろうと考えがちですが、そういう人は多数派ではありません。ミドル・シニア層自身がそのような立場になるのは初めてであり、不安や迷いを抱えていることが多いからです。これまでの世代と異なり、ワークキャリアが長くなり、今後のキャリアについてのロールモデルがなく、漠然とした不安を感じている人も少なくありません。

　このような場合、上司が具体的な方向を指し示し、すぐに不安を解消できるわけではありません。しかし、具体的にどうすればよいかを示せなくても、上司がサポートする姿勢を示すことは、ミドル・シニア層が前向きな変化に向かう支えになります。

　③の支援が容易ではないという背景にあるのも、上司が答えを持っていないことと関連があります。もっとも、上司がサポートする姿勢があることがミドル・シニア層にとっての助けになる可能性がありますし、職場の風土づくりに上司の果たす役割は大きいと考えられます。

　つまり、ミドル・シニア層がジョブ・クラフティングの実践を通じて活性化してほしいと考えるのであれば、上司の支援は重要であり、

必要といえるでしょう。

❷ 支援する上司の心がけ

　上司がミドル・シニア層に対してサポートしようとする場合に心がけるべきことを3点紹介します。第1に、若手や中堅層のように、ミドル・シニア層も変わる可能性があると思うことです。ミドル・シニア層だからどうせ変わらないと思って上司が接していれば、彼らが変わろうとする芽を摘んでしまうことにつながります。なぜなら、そうした上司の態度は、変わらなくてもよい、変われないのではないかというミドル・シニア層自身の態度を強化し、それによって、彼らの停滞という望ましくない事態をかえって呼び込むことになるからです。このようなプロセスを自己成就的予言といいますが、そうした事態を招かないためにも、変化を期待するという姿勢を意識的に示すことを心がけるべきです。

　もちろん、ミドル・シニア層が変わることを期待していても、そうしたミドル・シニア層全員が短期間に良い方向に変わるということは相当難しいでしょう。それでも、小さな変化を捉えながら、彼らが変わりうるという信念を持ち続けようとすることが大事です。

　第2に心がけることは、サポートする相手の立場について想像力を働かせようとすることです。上司自身は、若年層や中堅の立場は経験していますので、時代や担当職務などの違いはあっても、その気持ちや意図を推測しやすい部分があります。わかっているつもりになっていて実はギャップがあるという落とし穴はあるものの、それでも想像

はしやすいでしょう。

　しかし、年下の上司には年上の部下がどのように変わっていけばよいのかについて、これまでの自分の経験に基づいて考えられないように、ミドル・シニア層に対する場合には、その立場や前提を上司が理解しにくいことも少なくありません。同時に、年齢を重ねるに従って、同じ年代の中での個人差も大きくなってきます。したがって、この年齢だからこう思う、こう考えるといった一般論が当てはまらないことも少なくありません。それゆえ、活躍している他のシニアの事例が参考にならないこともあります。

　したがって、上司は、他の年齢層の部下に対する場合以上に個別性

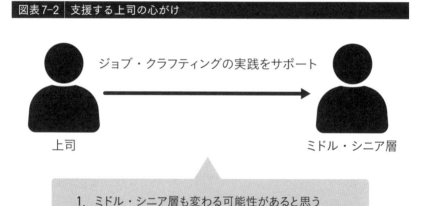

図表7-2 ｜ 支援する上司の心がけ

ジョブ・クラフティングの実践をサポート

上司　　　　　　　　　　　　　　　　　　ミドル・シニア層

1. ミドル・シニア層も変わる可能性があると思う
2. サポートする相手の立場について想像力を働かせる
   （個人差を考慮し、一般論で片付けようとしない）
3. 上司自身がジョブ・クラフティングの実践を見せる

を認めながら、相手の思いや考えを想像しようとする姿勢を持つことがカギとなります。

第3点目として、支援者自身がジョブ・クラフティングを実践していることを周囲に見せることです。ジョブ・クラフティングの最も有効な伝え方の一つは、上司などの支援者自身が、自分がひと匙を入れているところを見せたり、自分の取った行動をジョブ・クラフティングの観点から解説することです。それが、部下や後輩などのジョブ・クラフティングの促進に弾みを付けることになります。

ジョブ・クラフティングの支援を考えるような上司は、きっと日頃からジョブ・クラフティングを実践しているでしょう。しかし、そうした上司自身のジョブ・クラフティングが部下には見えていないということも大いにありえます。したがって、目標管理やキャリア開発についての1対1の面談をはじめとしたさまざまな機会で、上司が自らのジョブ・クラフティング経験を語ることは、ジョブ・クラフティングの促進につながります。

もっとも、ジョブ・クラフティングはそれぞれが自分のひと匙を入れることなので、特定のジョブ・クラフティングを押し付けているように受け取られないよう、注意が求められます。

❸コーチング

次に上司が採用すべき支援として、ミドル・シニア層に対するコーチングと年齢包摂的な職場づくりの2つを取り上げます。

近年、上司が部下に対してコーチングすることが重要だといわれる

ようになっていますが、ミドル・シニア層に対してもそれは当てはまります。コーチングにはさまざまな定義や考え方がありますが、コーチングを受ける側が主体であり、コーチが受け手の目標達成やタスク遂行を助ける立場であることが共通しています。

したがって、コーチは自分の関心を押し付けるのではなく、受け手の関心を引き出し、尊重することが求められます。ジョブ・クラフティングの促進を念頭に置いたコーチングの場合には、仕事に関する関わり方や、今後のキャリアについて、受け手自身が自らの関心を発見し、それを活かす方法を自ら発見することを支援することになります。

コーチングと他の支援について、重要な違いが指摘されています。それは、コーチが答えを与えるのではなく、質問をすることを通じて、受け手自身による回答を引き出すことを重視することです。もっとも、若年層に対するコーチングの場合には、コーチ側は答えのイメージを持ちながら質問をすることも少なくありません。それに対して、ミドル・シニア層に質問を投げかけるときには、答えのイメージを持てないこともしばしばあるでしょう。その意味で、ミドル・シニア層に対するコーチングの方が、コーチングの典型といえるのかもしれません。

もっとも、答えのイメージが持てた場合でも、コーチングのプロセスでは、ミドル・シニア層が自身で徐々に自分らしさの活かし方を見出すことを待たざるをえません。支援する上司にとってはもどかしいものですが、ミドル・シニア層自身がどういう役割を果たすべきか上司が一方的に決めても、それはうまく機能しないためです。

そうしたプロセスの中で伴走の姿勢を取り続けるために試してよい

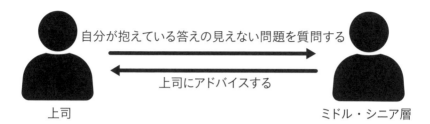

自分が抱えている答えの見えない問題を質問する

上司にアドバイスする

上司

ミドル・シニア層

リバース・メンタリングを取り入れて、ミドル・シニア層
との信頼関係を構築する

と思われるのが、リバース・メンタリングの方法を取り入れることで
す。まず、「リバース」が付かない、通常のメンタリングについて確
認しておきます。

　メンタリングとは、人生の先輩やロールモデルであるメンターが、
経験の浅い若手(メンティ)の持つ課題解決に役立つアドバイスや経
験のシェアを行うことです。多くの方は、先輩にアドバイスをもらい、
それが課題解決に役立ったという経験があるでしょう。

　一方、リバース・メンタリングでは、若手と先輩が立場を逆転させ
(＝リバース)、若手がメンターとなり、メンティである先輩にアドバ
イスを行います。社会や仕事環境の変化が緩やかだった時代には、経

験が長い先輩の方が若年層よりも課題解決に役立つ知識やスキルを持っていることが当たり前でした。しかし、今日のような変化の激しい時代には先輩や上司の方が、直面している課題の解決に役立つ知識を持っているとは限りません。若年層の方が、新しい知識や課題解決に役立つ人脈を持っていることもあります。そうした際に、先輩が課題解決や知識の習得のために若年層をメンターと位置付けて、アドバイスをもらうことが、リバース・メンタリングの狙いです。

こうしたリバース・メンタリングは、知識の共有だけではなく、互いを尊重する関係の構築に役立つことが指摘されており、その点がミドル・シニア層のコーチングに直接関わるところです。

上司が、自分が抱えている答えの見えない問題に関して、ミドル・シニア層と虚心坦懐に対話をするプロセスを通じて、対話相手であるミドル・シニア層との信頼関係を構築できれば、本来のコーチングの効果が高くなることが期待できます。もちろん、豊富な経験を持つ彼らとの対話を通じて、自身の抱える問題に対して手がかりを得る可能性も、もちろんあります。

❹ 個別性を尊重する職場づくり

年齢を重ねるとともに、同じ年代間の個人差は拡大していきます。にもかかわらず、「50歳以上の人は…」といった、年齢によるステレオタイプが当てはめられることも少なくありません。そうした高年齢者に対するステレオタイプの当てはめはエイジズムと呼ばれ、一種の

エイジズム（年齢に対する差別・偏見）

高年齢者に対するステレオタイプの適用

50歳以上の
人は…

差別であるとされています。しかし、日本においては、エイジズムは
他の差別ほどは意識されていないことが多いようです。

　年齢は多様性の一つですが、逆にいうと一つの多様性でしかありま
せん。働く場においてはその人自身の貢献や役割でもって評価される
べきであるというのが現代的なダイバーシティ＆インクルージョンの
考え方ですが、エイジズムはそれに反しています。

　実利的な観点からいっても、エイジズムを放置しておくことは問題
といえます。労働力不足の中で相対的に高年齢の労働者の比率が上昇
し、さまざまな年齢の人たちが混在する職場が増えることが予想され
ています。にもかかわらず、エイジズムがはびこっていると、職場の

コンフリクト（摩擦）を増やしたり、ミドル・シニア層のやる気を削いだりすることにつながります。

　したがって、年齢は属性の一つにすぎず、働きぶりや職場への貢献をもとに認められるという年齢包摂的な職場風土の醸成がこれから重要な課題になります。

　多くの企業の人事制度は年齢包摂的な考え方に追い付いていないことが多いものの、制度だけでなく職場風土がミドル・シニア層の一人一人の考え方や行動に影響を与えます。そうした年齢包摂的な職場風土の醸成のカギはやはり上司です。

　最も重要なのは、上司が、仕事の割り振りや評価の際に、年齢によるステレオタイプによって判断していないことを示すことです。もちろん、さまざまな判断の際に年齢は考慮すべき要素の一つに含まれます。ミドル・シニアについては、個人差はありますが加齢とともに体力や気力が低下する傾向にあることや、逆に若手層の育成を課題として認識することなどは、マネジャーとして当然といえます。しかし、年齢は一つの属性でしかありません。部下の人たちの働きぶり、能力・スキル、貢献などを丁寧に見て、それをもとに判断していることが部下たちに伝われば、年齢包摂的な風土の醸成につながっていきます。エイジズムについても、他のダイバーシティの問題と同様に簡単に解決できるものではありませんが、上司が年齢包摂的な風土づくりを進めていこうとしていることは、エイジズムを感じている人たちを支えていくことにつながるでしょう。

なお、こうした年齢包摂的な職場風土は、ミドル・シニア層のみにとって望ましいものというよりも、年齢以外のさまざまな多様性を持つ人たちにとっても望ましいものです。なぜなら、そうした風土では特定の属性に結び付いたステレオタイプをできるだけ排して、働きぶりや職場への貢献をもとにお互いを認め合うことになるからです。

4. 組織による支援

　ミドル・シニア層のジョブ・クラフティング促進を通じた活性化のカギは、前節で紹介したマネジメントを行う上司が握っていますが、組織全体としてそうしたマネジメントを支援することは可能ですし、支援すべきといえます。以下では人事部門などが関わる組織としての施策や制度について3つの観点から取り上げます。

❶マネジャーに対する組織側の支援
　前節で取り上げたようなプロセスを通じて、上司がミドル・シニア層のジョブ・クラフティングの促進を通じて職場の活性化を図っていくことは、上司にとって負担が重いことです。しかし、それを少しずつ進めていくことによって、ミドル・シニア層の生産性を高めるだけではなく、その部署全体の雰囲気が向上することを通じて、全体の生産性を高めることに寄与するでしょう。今後の労働人口の変化を踏まえると、こうしたマネジメントをできることが今後、多くのマネジャ

ーに期待されることになるでしょう。

　そのためには、そうしたマネジメントを職場のリーダーが実践するように、組織全体としてミドル・シニア層に対するマネジメントをバックアップすることが求められます。

　まず、人事部門として検討すべきは、そうしたマネジメントの当事者である職場のリーダー層が、上述のようなミドル・シニア層の主体性発揮の支援やそれを促進する職場風土の醸成を行うことが報われるよう人事評価制度を工夫することです。そうしたリーダーの努力が、フォロワーのワーク・エンゲージメントの高揚を経由して成果に結実するには時間がかかります。したがって、フォロワーの働きがいを高めようとするプロセスも評価されるような制度の設計・運用が期待されます。ミドル・シニア層がどのくらい主体的に動くようになったかという結果をリーダーの評価に反映させるだけではなく、リーダーがそれにつながるような働きかけをミドル・シニア層やその他の人たちに行ったかというプロセスも評価していくとよいでしょう。

❷ 自発性の尊重につながる組織的施策

　これまでの研究は、自己裁量的な人事施策がジョブ・クラフティングを促進することを示唆しています。社内FA制度や社内公募制度などが、そうした施策に該当します。こうした制度の導入は、ジョブ・クラフティングに不可欠な従業員の主体性を尊重する組織風土の醸成につながると考えられます。

　そうした制度の中でも、ミドル・シニア層にとって特に効果的と思

われるのが、社内副業制度の導入です。会社によっては、他部署への副業制度を設けているところもあります。副業として自分の強みの発揮や関心に沿った業務に従事できれば、そちらの仕事だけでなく元々の仕事でも業務クラフティングの促進につながるでしょう。これは関係性クラフティングのきっかけになるかもしれませんし、他の部署の視点から元々の仕事を見つめ直すことで、仕事の捉え方が変わるという認知的クラフティングが生じることもありえます。社外での副業を全面的に認めることは、就業時間管理などの問題があり難しいことも少なくありませんが、社内副業であれば導入へのハードルが比較的低いと考えられます。

図表7-5 | 社内副業制度

社内副業制度

ミドル・シニア層

本業
（自部署の業務）

副業
（社内他部署の業務）

越境学習も有効です。ミドル・シニア層にとっては越境がみずから
の経験を掘り下げるきっかけになったり、ジョブ・クラフティングを
展開する手がかりにもなるでしょう。ミドル・シニア層が制度の適用
対象になっていない企業もありますが、対象範囲を拡大することを検
討してよいのではないでしょうか。

　ジョブ・クラフティングの促進のみのために制度を新規導入したり
改変を行ったりすることはないでしょう。しかし、そうした改変や導
入に当たり、ミドル・シニア層がジョブ・クラフティングの実践によ
って、活性化する効果も考慮してはいかがでしょうか。

❸ 年齢包摂的な人事施策

　前節では、年齢包摂的な職場風土の醸成を上司の課題の一つとして
取り上げましたが、それを後押しするためには、人事制度を年齢包摂
的なものにしていくことが求められます。

　賃金や昇進・昇格については、年齢によって規定される部分が小さ
くなるように制度改革が進んでいる事例が出てきたものの、年齢を基
準にしたポストオフや異動などは根強くあります。

　近年では、NECや大和ハウス工業など役職定年制度を廃止する企
業も出てきています。もちろん、若手・中堅層に対する影響など、役
職定年制度の廃止によるデメリットなども十分に考量する必要がある
ため、どの会社にとっても役職定年制度を廃止することがよいとはい
えません。しかし、制度を適用する際の例外を認め、年齢だけで一律

（ミドル・シニア層の研修機会の現状）

ミドル・シニア層

若年層や中堅層よりも少なく、
参加できるメニューも狭い

研修参加が開かれていることが
スキル・クラフティングのきっかけになる

に判断しないような運用を検討する余地があるでしょう。

　年齢包摂的な人事施策の採用で、もう一つ検討しうるのは、研修制度です。多くの企業で、若年から中堅層向けの研修が整っている一方で、中堅以上については昇進・昇格がなければ研修の機会が乏しいことが指摘されています。研修の参加の機会について、ミドル・シニア層の方が若年層や中堅層よりも少なかったり、参加できるメニューが狭かったりすることは、ミドル・シニア層に対して変わらなくてよいということを間接的に伝えているといえます。

　自らの意思による研修の参加が、関係性クラフティング、さらにはタスク・クラフティングにつながることは十分ありうるでしょう。ま

た、自らの意思でスキルを伸ばしていこうとする取り組みであるスキル・クラフティングのきっかけにもなります。

　もちろん、会社が研修メニューを揃える以外の制度設計もありえます。たとえば、ソニーグループでは学び直しのきっかけと行動の後押しを目的として、"Re-Creation ファンド"を設置して、ベテラン社員のスキル獲得のための活動を支援しています。これは、50歳以上の正規社員対象に、在籍期間中に1回、10万円までの支援を受けられるというもので、中小企業診断士のような資格取得のための講習はもちろんのこと、国際交流を目指した蕎麦打ち講習なども対象になるそうです。

　最後に、こうした人事制度の導入・変更よりも実施のハードルが低い施策として、ジョブ・クラフティングに関する研修やワークショップを実施することも挙げておきたいと思います。社員のジョブ・クラフティングを後押しするとともに、いきいきした組織風土づくりにつながるでしょう。働く人のワーク・エンゲージメントを高め、ウェルビーイングを高めるとともに、組織の活性化につながるものとして、さらに重要性が高まることでしょう。

第7章のまとめ

- ミドル・シニア層のジョブ・クラフティングの支援は、ミドル・シニア層の活性化という構造的問題に対する有効な打ち手の一つです。

- ミドル・シニア層のジョブ・クラフティングにおいても、上司のサポートが重要です。上司が「どうせ変わらないだろう」という態度を取ると、変化の芽を摘んでしまいます。質問を投げかけるというコーチングの手法で対話してみましょう。

- エイジズム（年齢に対する差別・偏見）に陥らない年齢包摂的な職場風土の醸成にも、上司は関与していくことが求められます。

- ミドル・シニア層を支援するマネジャーが評価される仕組みや、ミドル・シニア層も積極的に研修に参加できるよう年齢包摂的な人事施策など、人事部門が主導して支援できることもあります。

参考文献

一田憲子『人生後半、上手にくだる』（小学館、2022年）

一田憲子『「私らしく」働くこと〜自分らしく生きる「仕事のカタチ」のつくり方〜』（マイナビ、2015年）

大塚寿『50歳からは「これ」しかやらない』（PHP研究所、2021年）

河合薫『HOPE 50歳はどこへ消えた』（プレジデント社、2022年）

岸田泰則『シニアと職場をつなぐ：ジョブ・クラフティングの実践』（学文社、2023年）

楠木新『定年準備』（中公新書、2018年）

坂本貴志『ほんとうの定年後』（講談社現代新書、2022年）

高尾義明、森永雄太『ジョブ・クラフティング：仕事の自律的再創造に向けた理論的・実践的アプローチ』（白桃書房、2023年）

森永雄太「"つまらない仕事"を変える自律的な働き方 ジョブ・クラフティングの実践」（『PRESIDENT』2017年11月13日号）

エイミー・レズネスキー、ジャスティン M.バーグ、ジェーン E. ダットン「『やらされ感』のある仕事をやりがいある仕事に変える ジョブ・クラフティング法」（『DIAMONDハーバード・ビジネス・レビュー』2011年3月号）

キャロル・S・ドゥエック『マインドセット「やればできる！」の研究』（草思社、2016年）

ケイティ・ミルクマン『自分を変える方法』（ダイヤモンド社、2022年）

トム・ラス『さあ、才能（じぶん）に目覚めよう　新版 ストレングス・ファインダー2.0』（日本経済新聞出版社、2017年）

マーカス・バッキンガム、アシュリー・グッドール『仕事に関する9つの嘘』（サンマーク出版、2020年）

Baker, R., *Personalization at Work: How HR Can Use Job Crafting to Drive Performance, Engagement and Wellbeing*, Kogan Page Publishers, 2020.

Berg, J. M., Dutton, J. E., & Wrzesniewski, A.,"Job crafting and meaningful work," In B. J. Dik, Z. S. Byrne, & M. F. Steger (Eds.), *Purpose and Meaning in the Workplace* (pp. 81-104), American Psychological Association, 2013.

Grant, A. M.,"The significance of task significance: Job performance effects, relational mechanisms, and boundary conditions," *Journal of Applied Psychology,* 93 (1), 2013, pp.108-124.

Wiewnzniewski, A., &Dutton, J. E.,"Crafting a job:Revisioning employees as active crafters of their work," *Academy of Management Review,*26 (2), 2001, pp.179-201.

おわりに

「はじめに」では、目の前の仕事に自分のひと匙を入れるという、地に足の着いたささやかな冒険に踏み出すことをお勧めしていました。

第2章で取り上げたWill –Can –Mustというフレームワークでいえば、多くのミドル・シニアは、これまでMust（与えられた課題を達成すること）をとりわけ重視してきたのではないかと思います。Mustとはその名の通りやらないといけないことですし、課題を達成すればおのずと周りからの評価や昇進・昇格、さらには収入の増につながり、手ごたえも感じられたと思います。そうしたプロセスを積み重ねていくことで、仕事とは自分の意思とは関係がなく、組織や上司から与えられるものであると当然のように考えるようになっていたかもしれません。

しかし、ミドル・シニア層になってくると、若手・中堅層のときには仕事をこなせば感じやすかった手ごたえを得られにくくなってきます。そこで、Will（自分がやりたいこと）やCan（できること）を大事にして仕事を俯瞰し、自分にとって手触り感のあるものへと仕事を変えていくという、ささやかな冒険へと踏み出していくことが意味を持ちます。それが冒険といえるのは、仕事は与えられるものという仕事観から脱却するという、自分にとっての常識を変化させることを含んでいるからです。

もちろん、いつも冒険ばかりしていると大変でしょう。しかし、いつでも冒険できる余地を仕事に見つけることができると思って仕事に

臨むことで、仕事との向き合い方や、これからも続くワークライフに対する行き詰まり感が次第に変わってくるのではないでしょうか。

　本書は、ジョブ・クラフティングの考え方を紹介した後、小さな一歩から実践へと踏み出すための方法やステップを示してきました。ジョブ・クラフティングは実践してこそ意味があります。これからの長いワークライフ、さらにはリタイアした後のライフの充実に向けて、本書が読者の皆さんのジョブ・クラフティングの実践に踏み出す助けになれば幸いです。

　インタビューにご協力いただいた企業の人事担当者や社員の皆様、編集を担当したダイヤモンド社の永田正樹氏、小川敦行氏、東園 治氏、大坪稚子氏に謝意を申し上げます。

高尾義明

[著者]

高尾義明（たかお・よしあき）

東京都立大学教授。博士（経済学、京都大学）

1967年生まれ。大阪市出身。

京都大学教育学部を卒業後、大手素材メーカーに4年間勤務。その後、休職して京都大学大学院経済学研究科修士課程に入学。博士課程への編入試験合格を機に退職し、研究者の道に進む。九州国際大学経済学部専任講師などを経て、2007年4月から東京都立大学（旧名称：首都大学東京）大学院社会科学研究科経営学専攻准教授。2009年4月より同教授。2018年4月より同大学院経営学研究科教授（現在にいたる）。

著書に、『はじめての経営組織論』（有斐閣）、共著に『ジョブ・クラフティング：仕事の自律的再創造に向けた理論的・実践的アプローチ』（白桃書房）など。

50代からの幸せな働き方

──働きがいを自ら高める「ジョブ・クラフティング」という技法

2024年6月25日　第1刷発行

著　者──高尾義明

発行所──ダイヤモンド社

　　　　〒150-8409　東京都渋谷区神宮前6-12-17

　　　　https://www.diamond.co.jp/

　　　　電話／03·5778·7229（編集）　03·5778·7240（販売）

装丁──────竹内雄二

本文デザイン·DTP──ダイヤモンド・グラフィック社

撮影（対談）──大崎えりや

校正──────茂原幸弘

製作進行──ダイヤモンド・グラフィック社

印刷・製本──勇進印刷

編集担当──大坪稚子